Samt und Seide

Julian Steiger

SAMT & SEIDE

Spiel mit dem Feuer

Roman

vgs

Bibliografische Information Der Deutschen Bibliothek
Die Deutsche Bibliothek verzeichnet diese Publikation
in der Deutschen Nationalbibliografie; detaillierte
bibliografische Daten sind im Internet über
http://dnb.ddb.de abrufbar.

Der Roman »Spiel mit dem Feuer« basiert
auf der Fernsehserie »Samt und Seide« produziert von
NDF mbH für das ZDF

Der Roman basiert auf den Drehbüchern
von Jürgen Werner und Michael Baier

1. Auflage 2002
Egmont vgs verlagsgesellschaft, Köln

Lektorat: LiteraturAgentur Axel Poldner
Produktion: Angelika Rekowski
Umschlaggestaltung: Alex Ziegler, Köln
Titelfoto: Foto/Klick Erika Hauri
Satz: Greiner & Reichel, Köln
Druck: Clausen & Bosse, Leck
Printed in Germany
ISBN 3-8025-2969-3

Inhalt

Lebenslügen

Der alte Toyota hielt vor dem Schlagbaum an. Das Büro des Pförtners war zu dieser frühen Stunde – es war erst halb sieben – noch nicht besetzt. Angela drückte dem Fahrer, über dessen Oberlippe ein zarter Flaum spross, einen hastigen Kuss auf die Wange und sprang aus dem Wagen. Während der Toyota wendete, schulterte sie Reisetasche und Schlafsack und lief zur Villa. Sie hatte keine Zeit, den anbrechenden Tag zu würdigen, dem übermütigen Gezwitscher der Vögel in den Bäumen zu lauschen, sich am Morgenrot zu erfreuen. Angelas einziger Gedanke war: Lena wird stocksauer sein.

Vor der Villa standen nicht nur die Autos von Lena und Birgit, sondern auch Chris' Wagen. Angela schöpfte Hoffnung. Wenn Lena eine schöne Liebesnacht hinter sich hatte, so kalkulierte sie, würde die Standpauke vielleicht ein wenig glimpflicher ausfallen. Und unberechtigt war sie ja nicht. Still und heimlich zum U2-Konzert nach Frankfurt zu verschwinden, widersprach allen Abmachungen. Aber es hatte sich nun mal diese prima Mitfahrgelegenheit ergeben und was war schon dabei? Sie war kein kleines Kind mehr. Außerdem brachte sie tolle Fotos mit.

Schon in der Halle stieg Angela Kaffeeduft in die Nase. Man war also schon auf. Sie ließ Tasche und Schlafsack von der Schulter gleiten und trat dann ihren Gang nach Canossa an. Vor der Küchentür atmete sie noch einmal tief durch, ehe sie eintrat. Zu ihrer Überraschung, aber auch Erleichterung fand sie Birgit allein am Frühstückstisch vor. Sie blickte nur kurz von ihrer Zeitung auf, als Angela eintrat, sagte: »Sieht man dich auch mal wieder. Lena war ganz schön sauer.«

»Ist sie schon auf?«, fragte Angela nur und ging zum Kühlschrank.

»Nach langen Liebesnächten kommt man morgens eben nicht so leicht aus den Federn«, bemerkte Birgit spitz. Chris' Anwesenheit im Haus missfiel ihr mit jedem Tag mehr. Wieso kehrte er nicht in sein Studio in München zurück? Musste Natalie eben zu ihrem Uwe ziehen.

»Das hört sich ja ganz so an, als wärst du eifersüchtig«, gab Angela zurück.

Birgit zuckte erst zusammen, blickte dann auf. Eifersüchtig? Was für ein absurder Gedanke. Wieso sollte sie eifersüchtig sein? Nein, sie sorgte sich nur, dass Lena wegen ihrer wieder gefundenen Liebe die Pflichten in der Firma vernachlässigen könnte. Gerade heute stand ihr ein besonders anstrengender Tag bevor, denn ein

Aktionärsmagazin hatte sich für ein Interview mit Fotoshooting angesagt. Freilich erklärte das nicht, wieso Birgit die halbe Nacht wach gelegen hatte, mehrmals aufgestanden und ins Bad gegangen war und dabei auf jedes noch so feine Geräusch aus Lenas Schlafzimmer geachtet hatte. Und auch den seltsamen Schmerz in ihrem Herzen erklärte es nicht.

Birgit leerte ihre Tasse, legte die Zeitung zusammen und erhob sich. Angela stand neben dem Kühlschrank an die Anrichte gelehnt und trank Milch aus der Flasche, wofür sie sich einen vorwurfsvollen Blick einfing, der sie freilich nicht kümmerte.

»Ich muss nach Köln in die Zentrale der Galeria«, teilte Birgit mit, während sie die Vollständigkeit der Unterlagen in ihrer Aktentasche überprüfte. »Kannst du Lena das ausrichten, falls sie irgendwann doch noch auftauchen sollte? Bis zur Party heute Abend bin ich aber wieder da.«

»Party?«, fragte Angela, hellhörig geworden.

»Party ist vielleicht zu viel gesagt«, relativierte Birgit sofort. »Waltrauds neuer Lebensgefährte ist angeblich eine Art Meisterkoch und will das unter Beweis stellen. Bei der Gelegenheit will Waltraud ihn uns vorstellen.«

»Kaum zu glauben, dass die Frau überhaupt einen Mann ins Bett kriegt«, versetzte Angela sarkastisch. Ihr Verhältnis zu Waltraud war noch immer angespannt.

Birgit schüttelte den Kopf. Diese Teenager glauben, spätestens mit dreißig hat man das Recht auf Sex verwirkt. Wenn man ihnen sagen würde, dass die Sache mit den Jahren immer interessanter und abwechslungsreicher wird, lachen sie einen vermutlich aus.

Nachdem Birgit fort war, trat Angela vor Lenas Schlafzimmertür und lauschte. Drinnen war es still. Die beiden schliefen offenbar noch. Sie hatte eine Idee, wie sie Schönwetter machen konnte. Was gibt es nach einer Liebesnacht Romantischeres als ein gemeinsames Frühstück im Bett? Eilig kehrte sie in die Küche zurück, um ihren Plan in die Tat umzusetzen.

Angela irrte. Lena war schon seit einiger Zeit wach. Sie saß im Bett, betrachtete den unruhig schlafenden Chris und überließ sich dabei ihren Gedanken. Die Nacht mit ihm war schön gewesen, doch die frühere Unbeschwertheit hatte sich nicht wieder eingestellt. Zu viel war in der Zwischenzeit passiert. Nicht nur in ihrem Leben, auch in seinem. Er hatte ihr von der Haft in einem chinesischen Gefängnis erzählt, eine Erfahrung, die offenbar tiefere Spuren hinterlassen hatte, als er sich selbst eingestehen wollte. Sie fragte sich, wie das alles weitergehen sollte: mit ihr und Chris, mit Angela, mit der Firma. Anders als früher bedrückte sie die Ungewissheit ab und zu.

Als hätten ihn ihre zärtlichen Blicke, mit denen sie ihn streichelte, geweckt, schlug Chris plötzlich die Augen auf. Kaum erwacht, erzählte er ihr seinen Traum, der ihn zurück in die Gefängniszelle in Tibet versetzt hatte. »Du warst auch da«, sagte er, »nur leider in einer anderen Zelle.« Er versuchte, gelassen, ja heiter zu wirken, doch es war unverkennbar, wie nahe ihm die Erinnerung, die ihn bis in den Schlaf verfolgte, noch immer ging. Lena strich ihm zärtlich das Haar aus der Stirn. Dankbar nahm er ihre Hand und küsste sie.

In diesem Moment klopfte es heftig an der Tür. »Room Service!«, erklang es.

Angela.

Anders als Lena, die sich gestört fühlte, lächelte Chris. »Komm rein«, rief er.

Angela stieß die Tür auf und brachte ein reich gedecktes Tablett ans Bett: frisch aufgebackene Brötchen, Toast, Marmelade, Käse, Schinken, sogar zwei Eier und natürlich Kaffee. Chris war begeistert. Lena verzog keine Miene. Angelas Absicht war nur allzu leicht zu durchschauen. Doch so einfach würde sie nicht davonkommen.

Ohne das Frühstück auch nur anzurühren, stand Lena auf und warf sich ihren Morgenmantel über.

Angela merkte, dass es nun keinen Sinn mehr hatte, mit einer aufgesetzten Heiterkeit eine Show abzuziehen. »Entschuldige«, sagte sie unvermittelt, »das hat sich alles irgendwie ergeben. Und dann war es auf einmal so spät, dass ich bei Wolf geblieben bin. Aber es hat sich voll gelohnt! Ich habe mindestens zehn Filme verschossen. Du wirst begeistert sein!«

Jetzt erst schien Lena bereit, mit Angela zu reden. »Und den Termin beim Jugendamt hast du darüber völlig vergessen«, sagte sie. »Ist ja auch nicht so wichtig.« Ihr Blick war ernst, aber auch voller Bedauern. Sie wollte Angela so gerne helfen. Doch wie sollte sie das machen, wenn das Mädchen jede Hilfe mit solchen eigenmächtigen Aktionen sabotierte? Demonstrativ verließ sie das Zimmer und verschwand im Bad.

Angela ließ sich rückwärts auf das Bett fallen. Mist, dachte sie. Den Termin hatte sie in der ganzen Aufregung wirklich verschwitzt. Oder absichtlich verdrängt. Alles, was mit ihrer Mutter und dem Jugendamt zu tun hatte, war für sie ein rotes Tuch. Sie schaute Chris an, der ihr aufmunternd zuzwinkerte, während er sich über das Frühstück hermachte. »Kannst du mich nicht heiraten?«, fragte sie. »Dann wäre ich meine Mutter endlich los.«

Chris zuckte die Schultern. »Sorry, schon vergeben.«

Nachdem Lena geduscht hatte, kehrte sie ins Schlafzimmer zurück, wo Angela sie mit hängenden Schultern und schuldbewusster Miene erwartete. Lena nahm keine Notiz von ihr. Als sie sich angezogen hatte, nahm sie Chris das Tablett weg. Er protestierte, doch Lena wies ihn zurecht: »Gefrühstückt wird in der Küche. Du regst dich doch am allermeisten über Brösel im Bett auf.«

Angela trottete hinter ihr her in die Küche. Sie hörte zu, wie Lena mit Waltraud telefonierte, um den Termin für das Interview und die Fotos klarzumachen. »Wir verlegen das Fotoshooting am besten in die Boutique«, entschied sie. »Hier sieht es nämlich aus, als hätte eine Bombe eingeschlagen. Außer mir kümmert das offenbar keinen.«

Missmutig verzog Angela den Mund. Klar, dass sie damit gemeint war. Offenbar war sie neuerdings an allem schuld. Außerdem war nie davon die Rede gewesen, dass sie das Hausmädchen spielen sollte. »Lena!«, rief sie schließlich mit flehendem Unterton. »Ich ertrag es nicht, wenn du sauer auf mich bist.«

Zum ersten Mal an diesem Morgen sah Lena sie richtig an. »Ich bin nur sauer, weil ich mir Sorgen mache«, entgegnete sie. »Außerdem frage ich mich, ob ich die Rolle, in die du mich offenbar drängst, überhaupt spielen will.«

Angela zuckte die Schultern. Sie hatte keinen Schimmer, wovon Lena redete. »Welche Rolle?«

»Die Mutterrolle«, versetzte Lena. »Du hast schon eine Mutter und wenn du das Gefühl hast, sie zu brauchen, solltest du nach Hause gehen.«

Das war zu viel. Angela verstand, dass Lena verärgert war, aber deshalb musste sie sich nicht alles von ihr gefallen lassen. Wann hatte sie sie je gebeten, die Mutter zu spielen? Eine Mutter war sogar das Allerletzte, was sie brauchte. Vielleicht war das Problem ja, dass Lena sich aufführte, als wäre sie ihre Mutter. Freilich, das sagte Angela nicht. Sie sagte überhaupt nichts, sondern warf nur mit zornigen Blicken um sich und wollte gehen. Nur weg hier, dachte sie. Auf so was hab ich keinen Bock.

Sie hatte die Hand schon auf der Klinke, als Lena ihr nachrief: »Wenn du noch einen Schritt machst, kannst du sofort wieder zu deinen Freunden unter der Brücke gehen.«

Wie vom Donner gerührt, blieb Angela stehen. Schlagartig wurde ihr bewusst, was sie aufgab, wenn sie jetzt wegginge. Zum ersten Mal in ihrem Leben hatte jemand Vertrauen in sie gehabt, noch dazu jemand, der sie überhaupt nicht kannte. Lena hatte ihr eine Perspektive gegeben, eine Möglichkeit, ihr Leben zu ändern, etwas aus sich zu machen. Und ein Zuhause.

Lena trat von hinten an sie heran. »Als Erstes musst du dir abgewöhnen, immer wegzurennen, wenn dir etwas nicht passt«, sagte sie, milder zwar, aber darum kaum weniger ernst und bestimmt. »So bewältigt man keine Probleme. Ich will deine Freundin sein und nicht deine Aufpasserin. Dummerweise fühle ich mich aber trotzdem für dich verantwortlich.«

Angela wusste nicht, was sie sagen sollte. Was sie am meisten irritierte, waren nicht etwa die Vorwürfe, die Lena ihr machte, sondern die tiefe Zuneigung, die dahinter zum Vorschein kam. Nicht einmal bei ihrer Mutter – bei der schon gar nicht! – hatte sie so etwas gespürt. Und sie verstand auch, was Lena meinte.

»Schau mich an«, forderte Lena sie auf.

Angela drehte sich um. Sie hatte Tränen in den Augen. Diese Tränen berührten Lena tief in ihrem Herzen. Die Fassade des rotzfrechen, coolen Girls war eingestürzt, dahinter kam ein verletzliches Mädchen zum Vorschein, das einfach nur leben wollte, aber nicht so recht wusste, wie. Fast tat es Lena Leid, so hart zu ihr gewesen zu sein. Doch sie wusste, dass es keine Alternative gab.

»Was verlange ich schon von dir?«, sagte sie. »Du sollst dich an die Spielregeln halten, das ist alles. Eine davon lautet, nichts hinter meinem Rücken zu tun, mir zu sagen, wenn du etwas vorhast. Und vielleicht hörst du manchmal ja auch auf meinen Rat.«

Angela schluckte ihre Wut hinunter. Die Milde in Lenas Stimme, die Zuneigung in ihrem Blick machten ihr Hoffnung. »Es hat sich wirklich gelohnt, Lena«, versicherte sie. »Wenn du erst die Fotos siehst …«

Lena nahm sie an den Schultern. »Du musst mir nicht beweisen, wie toll du als Trend-Scout bist«, sagte sie, »das weiß ich längst. Viel wichtiger ist es, deine familiäre Situation zu klären. Stell dir vor, hier taucht jemand vom Jugendamt auf und ich hab nicht die geringste Ahnung, wo du dich rumtreibst. Was glaubst du wohl, was dann passiert?«

»Ist ja gut«, versetzte Angela, »ich hab's ja gecheckt.«

Will's hoffen, dachte Lena. Sie wollte nicht länger auf der Sache herumreiten, schon allein, weil sie keine Zeit mehr hatte. Der Termin mit den Presseleuten, obwohl erst für kurz nach Mittag festgesetzt, saß ihr schon jetzt im Nacken. Sie bat Angela, ihr nachher beim Frisieren, Schminken und bei der Auswahl der richtigen Kleidung behilflich zu sein.

Gerade als die beiden gehen wollten, kam Chris in die Küche. Er trug Lenas Morgenmantel. »Du verschwindest?«, sagte er enttäuscht. »Ich dachte, wir frühstücken zusammen.«

»Wir sehen uns heute Abend bei der Party«, erwiderte Lena zwischen Tür und Angel und gab ihm einen Abschiedskuss. Dann war sie weg. Angela folgte ihr. »Wo musst du denn so früh schon hin?«, fragte Chris erstaunt.

»Tja, im Gegensatz zu dir sind *wir* berufstätig«, versetzte sie keck und drückte ihm ebenfalls einen Kuss auf die Wange. »Mach dir einen schönen Tag, Liebling.«

Chris kratzte sich im Nacken und sah ihr nach, wie sie mit betontem Hüftschwung den Flur hinab zur Treppe stolzierte. Sie war schon eine Marke für sich.

Vor der Villa kam den beiden Uwe entgegen, der auf dem Weg zu Chris war. Lena schickte Angela voraus, denn sie wollte mit ihm ein paar Dinge unter vier Augen besprechen. Kaum war das Mädchen fort, erzählte sie ihm ihre Sorgen mit Chris. Ihr gefiel nicht, dass Chris nichts Vernünftiges zu tun hatte und den ganzen Tag nur in der Villa herumhing. Das musste auf die Dauer aufs Gemüt schlagen. Uwe war der gleichen Meinung und versprach, seinem Freund den nötigen Schubs zurück ins Berufsleben zu geben. Oder es zumindest zu versuchen.

»Wie geht es Natalie?«, wollte Lena danach wissen. »War sie schon beim Therapeuten?«

Uwe schüttelte den Kopf. »Sie tut so, als hätte sie alles im Griff. Dabei finde ich ständig Pizzaschachteln und leere Eisbecher in der Mülltonne«, berichtete er bedrückt. »Ich müsste mal ein deutliches Wort mit ihr reden. Aber ich hab Angst, sie könnte zu Felix zurückkehren.«

»Wenn sie nicht freiwillig Hilfe sucht, müssen wir sie dazu zwingen«, entgegnete Lena.

»Zwingen? Natalie?« Uwe musste lachen. Natalies Dickkopf war schwerer zu bezwingen als der Mount Everest.

Doch Lena schien entschlossen. Aufmunternd klopfte sie ihm auf die Schulter. Ihr Entschluss stand fest: Gleich, im Büro, würde sie Dr. Dornberg anrufen und einen Termin für Natalie vereinbaren, am besten noch heute.

Nachdem er sich von Lena verabschiedet hatte, ging Uwe nachdenklich weiter. Er wünschte, er hätte ihren Optimismus teilen können. Aber er fühlte sich von dieser Situation völlig überfordert, nannte sich selbst einen Feigling, dem die nötige Härte fehle. So war er Natalie keine Hilfe. Und dafür schämte er sich.

Uwe fand Chris beim Frühstück in der Küche. Die beiden Freunde begrüßten sich herzlich, redeten über dies und das und dabei konsequent um das herum, was jedem auf der Seele lag. Es war, als spielten sie sich gegenseitig die Freundschaft vor, die sie früher gehabt hatten. Sie waren immer noch Freunde. Aber es war nicht mehr wie früher. Nichts war mehr wie früher. Irgendwann verfielen sie in tiefes Schweigen.

»Was ist eigentlich mit dir los?«, fragte Uwe.

Chris rieb sich das stoppelige Kinn, sah irgendwohin, wie in eine unbestimmte Ferne, und meinte: »Ganz einfach. Ich hätte nicht zurückkommen sollen.«

»So ein Unsinn!«, fuhr Uwe auf. Er hatte von den andauernden Sinnkrisen seines Freundes langsam genug. Das ständige Suchen hat doch nur dann einen Sinn, wenn man auch etwas Bestimmtes finden möchte. »Du hättest nie weggehen sollen«, sagte er. »Wir waren ein Spitzenteam, hatten Spaß und gute Kohle verdient. Herrgott, Chris! Du musst wieder was tun. Das ist doch kein Leben. Ein paar Anrufe und du bist wieder im Geschäft.«

Die Worte prallten beinahe ungehört an Chris ab. »Mit einem Kind hätte es Sinn gehabt«, sagte er, »und mit einer Frau, die außer dem Geschäft noch was anderes im Kopf hat – und auch hier ...« Er legte die Hand auf sein Herz. »Wir machen uns doch alle nur was vor, Uwe. Auch die ganze Tibet-Nummer war eine Lüge. Das ist mir in der Dunkelzelle klar geworden. Irgendwann hab ich begriffen: Es gibt nichts außer der Dunkelheit. Alles andere ist Illusion.«

Seine Augen starrten seltsam in die Leere. Dieser Ausdruck in Chris' Gesicht machte Uwe Angst. So hatte er ihn noch nie gesehen. Er war scheinbar noch immer in einem Albtraum gefangen, der mit der Dunkelhaft in Tibet begonnen haben musste.

Chris erwartete nicht, dass Uwe ihn verstand, dass irgendjemand ihn verstand. Er war der festen Überzeugung, nur wer diese Erfahrung am eigenen Leib gemacht hatte, konnte begreifen, wovon er sprach. Er klopfte Uwe als Dank für seine freundschaftliche Sorge auf die Schulter und verschwand ins Schlafzimmer, um sich anzuziehen.

Schon von weitem war das Röhren der Cessna, die sich im Landeanflug auf den Augsburger Sportflughafen befand, zu hören. Dieter Lausitz stand am Rand der Landepiste und verfolgte ihren Flug aufmerksam. Jedes Mal, wenn sie abrupt absackte oder ins Schlingern kam, entfuhr ihm ein Laut. Der Steuerknüppel einer Sportmaschine gehörte seiner Meinung nach eindeutig zu den Dingen, von denen Andreas Straubinger die Finger lassen sollte. Was ihm an Geschick fehlte, glaubte der Anwalt offenbar mit Wagemut wettmachen zu können. Eine Einschätzung, die böse ins Auge gehen konnte.

Eigentlich war Lausitz nicht hier, um Straubingers zweifelhafte Flugkünste zu bewundern. Er sollte vielmehr Bericht erstatten, wie es um den Liechtensteiner Fonds bestellt war. Lausitz war zufrieden, denn nach dem für sie bedauernswerten Fehlstart an der Börse hatte er nur das Beste zu berichten. Es war richtig gewesen, auf einen weiter steigenden Kurs der *Althofer-Czerni*-Aktie zu setzen und auch deutlich über dem Emissionskurs einzusteigen. Inzwischen waren die Aktien wieder verkauft und die Spekulationsgewinne beträchtlich.

Im Moment freilich nahm Straubingers Landeanflug Lausitz' Aufmerksamkeit ganz in Anspruch. Zwischen der Cessna und dem Boden lagen höchstens noch zwanzig Meter, als die Maschine von einer Windböe erfasst wurde und ins Schaukeln geriet. Lausitz zuckte zusammen und fürchtete schon das Schlimmste. Zum Glück konnte Straubinger die Maschine wieder stabilisieren, indem er sie ein wenig hochzog, und setzte dann erneut zur Landung an. Diesmal gelang es ihm besser, auch wenn es vorteilhafter gewesen wäre, die Geschwindigkeit noch mehr zu drosseln. Immerhin, er setzte auf, die Maschine kam gerade noch auf der Landepiste zum Stehen, was Lausitz zunächst bezweifelt hatte.

Als Straubinger aus dem Cockpit stieg, wurde er von einer Anzahl anderer Flugschüler beklatscht. Der Anwalt dankte, erfüllt von fliegerischem Stolz. Kaum hatte er Lausitz bemerkt, löste er sich von den Gratulanten und kam herüber.

»Mein erster Alleinflug«, erklärte er sogleich.

»So wie das ausgesehen hat«, entgegnete Lausitz spöttisch, »werden Sie auch in Zukunft alleine fliegen müssen.«

Straubinger zuckte nur die Schultern. »Der Wind ist eben unberechenbar. Was haben Sie zu berichten?«

Lausitz teilte den aktuellen Stand des Fonds mit. Das Beste hob er sich für den Schluss auf. Über Silke, zu der er nach wie vor telefonischen Kontakt hielt, hatte er eine Verbindung zu Roland Althofer. Bei jedem ihrer Gespräche bedrängte er sie, Roland zu überreden, die sechshunderttausend Euro aus dem Verkauf der Wohnung in den Liechtensteiner Fonds einzuzahlen. Mit diesem Geld ließe sich der Kurs noch besser beeinflussen, der Gewinn weiter maximieren. Heute hatte Silke endlich signalisiert, sie werde versuchen, eine auf Straubinger ausgestellte Vollmacht Rolands zu bekommen, die dem Anwalt erlauben würde, über das Geld zu verfügen.

Aufmerksam hatte Straubinger zugehört. »Und Sie glauben, Roland wird das machen?«, fragte er zum Schluss.

»Ich glaube es nicht nur, ich bin mir vollkommen sicher«, erwiderte Lausitz. »Der Mann ist Wachs in den Händen dieser Frau.«

»Wieso investieren Sie eigentlich nicht selbst in den Fonds?«, wollte Straubinger wissen. Er hatte sich schon lange darüber gewundert, dass Lausitz sich nach wie vor mit seiner gleichwohl nicht unbeträchtlichen Provision für die Abwicklung der Geschäfte zufrieden gab.

»Ich bin ein genügsamer Mensch«, antwortete Lausitz. »Wie steht es eigentlich mit Ihrer Frau? Konnten Sie ihr unser Geschäft noch immer nicht schmackhaft machen?«

Straubinger schüttelte den Kopf. Cornelia war ein hoffnungsloser Fall. Er hatte es aufgegeben, sie überreden zu wollen, denn alles, was er bisher damit erreicht hatte, grenzte an einen Ehekrach.

»Wieso machen Sie nicht einmal einen Versuch?«, fragte Straubinger. »Dort kommt sie nämlich schon.«

Lausitz wandte sich um. Cornelias Wagen fuhr gerade auf den Parkplatz vor dem Sportflughafen. Damit war es Zeit für ihn zu gehen, denn er hatte wenig Verlangen nach ihren Sticheleien. Cornelia mochte ihn nicht und sie ließ ihn das auch spüren. So nahm er Abschied, gab Cornelia im Vorübergehen nur einen heuchlerisch höflichen Gruß und verschwand.

»Was für ein widerlicher Schleimer«, sagte sie zu ihrem Mann. »Wieso lässt du dich mit so jemandem ein?«

»Weil er mir achtzigtausend in drei Tagen eingebracht hat«, versetzte Straubinger. »Wenn du nicht so stur wärst, hättest du jetzt vierhunderttausend mehr auf deinem Konto.«

»Vierhunderttausend?« Cornelia schüttelte angewidert den Kopf. »Das ist obszön.«

Straubinger lachte. Cornelia war einmalig. Sie war eben eine Künstlerin und würde es immer bleiben. Für sie war leicht verdientes Geld etwas Schmutziges, darin ähnelte sie ganz ihrem Vater. Aber der war ja auch so eine auf beinahe schon liebenswerte Weise altmodische Künstlernatur.

Erst jetzt erkundigte Cornelia sich nach dem ersten Alleinflug ihres Mannes. Straubinger stellte alles im besten Licht dar, verschwieg die kleinen und großen Unsicherheiten, die es gegeben hatte und die er für normal hielt. Er kannte die Bedenken seiner Frau gegen sein neues Hobby und wollte sie in ihrer Ablehnung nicht noch bestärken.

Polizei! Dieses Wort versetzte alle in nervöse Unruhe, erst Ewald Kunze, an dessen Schranke der Streifenwagen anhielt, dann Marion Stangl, die sogleich bei Waltraud anrief, denn die Beamten waren auf der Suche nach Angela Materna. Auch Lena, die neben Waltraud stand, als der Anruf hereinkam, war erschrocken. Nur Angela bekam vorerst nichts mit, denn sie ließ sich von Emma Martinek beim Nähen ihres ersten eigenen »Fummels«, wie sie sich ausdrückte, helfen.

Lena nahm den Hörer und dachte sich auf die Schnelle eine Lüge aus, mit der die Polizisten sich hoffentlich zufrieden geben würden. »Sagen Sie, Angela ist beruflich in Frankfurt und kommt erst am Montag wieder. Und sagen Sie auch, wir würden versuchen, sie telefonisch zu erreichen.«

Waltraud sah Lena finster an. Hatte sie es nicht prophezeit? Angela brachte nur Schwierigkeiten. Und jetzt fing Lena sogar schon an, für sie die Polizei zu belügen. Wo sollte das enden?

Lena ignorierte ihre Blicke und eilte ins Atelier. Angela wollte ihr sofort begeistert ihr selbst gemachtes Teil – ein nicht nur farblich ziemlich gewagtes Top – zeigen, ließ es dann aber bleiben, als sie Lenas besorgte Miene bemerkte. »Die Polizei ist deinetwegen an der Pforte und will dich mitnehmen«, erklärte Lena. Angela sah plötzlich aus wie ein verschrecktes Reh. »Ich muss mit deiner Mutter sprechen, Angela, und zwar sofort. Das schaffe ich noch vor dem Interview. Wo finde ich sie?«

Es stellte sich heraus, dass Frau Materna in der Brauerei Meyerbeer arbeitete. Lena bat Waltraud, dort im Personalbüro anzurufen, um für Angelas Mutter um die Erlaubnis für eine Pause in einer wichtigen Familienangelegenheit zu bitten. Nur widerwillig kam sie Lenas Auftrag nach.

Nachdem Lena Angela in die Villa geschickt und ihr eingeschärft hatte, dort zu bleiben, bis sie Entwarnung geben würde, kehrte sie ins Atelier zurück, wo Natalie gerade an einer neuen Kreation arbeitete. »Kommst du?«, fragte sie nur. Sie hatte am Morgen Dr. Dornberg erreicht und für die Mittagszeit einen Termin arrangiert.

Natalie blickte erstaunt auf. Sie konnte sich nicht erinnern, etwas mit Lena verabredet zu haben. »Wohin?«, wollte sie deshalb wissen.

»Eine Überraschung.« Lena lächelte viel versprechend.

Für Überraschungen war Natalie immer zu haben. Begeistert sprang sie auf und verließ mit Lena das Atelier. Wenig später fuhren die beiden in Lenas Smart vom Firmenhof. Viel Zeit hatte sie nicht mehr bis zum Interview in der Boutique.

Auf der Fahrt erhielt sie von Waltraud über Handy die Bestätigung, dass Frau Materna käme. Sie solle sie vor der Abfüllhalle der Brauerei treffen. Nur Minuten später fuhr Lena an der Schranke vor der Brauerei vor, man ließ sie passieren und wies ihr den Weg. Vor der betreffenden Halle ging eine Frau in einem blauen Arbeitskittel auf und ab, sie wirkte nervös und saugte gierig an ihrer Zigarette. Lena stieg aus, Natalie wartete im Wagen.

»Frau Materna?«, sprach Lena die Frau im Arbeitskittel an.

»Sie haben Nerven«, sagte sie, ohne zu grüßen. »Im Personalbüro anrufen lassen! Wo hier ständig Leute entlassen werden.«

Lena ging nicht darauf ein. »Ich wollte mit Ihnen über Ihre Tochter reden«, sagte sie stattdessen. »Haben Sie die Polizei geschickt?«

Gisela Materna sah an Lena vorbei, nahm den letzten Zug von ihrer Zigarette und warf sie dann fort. »Was soll ich machen? Sie ist meine Tochter und ich bin für sie verantwortlich.« Mochte Angela sie für eine Rabenmutter halten, sie wusste es besser. Ihr lag viel am Wohl ihres Kindes und deshalb wollte sie einen anständigen Menschen aus Angela machen. Doch diese schien alles daranzusetzen, das zu verhindern. Sie gab sich mit Leuten ab, die ihrer Mutter nicht passten, lungerte herum, verwahrloste äußerlich und innerlich. Zumindest glaubte Gisela Materna das, denn vom wirklichen Leben ihrer Tochter wusste sie wenig. Und das nicht erst, seit Angela von zu Hause weg war.

»Angela lebt nicht mehr auf der Straße«, erklärte Lena. »Sie arbeitet in meiner Firma und geht zweimal die Woche zur Berufsschule. Außerdem wohnt sie bei mir.«

Gisela Materna betrachtete Lena misstrauisch. Lena war keine Fremde für sie. In der Augsburger Lokalzeitung hatte sie von ihr gelesen, erst kürzlich wieder anlässlich des Börsenganges ihrer Firma. Wieso kümmerte sich eine aufstrebende Geschäftsfrau ausgerechnet um eine Streunerin wie Angela? Woher kannte sie ihre Tochter überhaupt? Was wollte sie von ihr? »Warum machen Sie das?«, fragte sie.

Lena zuckte die Schultern. Alle fragten sie das. Sie kannte die Antwort nach wie vor nicht. Zumindest war es schwierig für sie, ihre Gründe anderen verständlich zu machen. Die Antwort lag in ihrem Herzen verborgen. Es war ein Gefühl.

Auch diesmal versuchte Lena vergeblich, ihre Beweggründe zu erklären. Das Misstrauen in Gisela Maternas grauen Augen wurde bestenfalls ein wenig gemildert, doch es wich nicht. Erst als Lena erzählte, dass der frühere Brauereibesitzer August Meyerbeer ebenso für *Althofer Czerni Fashion* arbeitete wie Wilfried Holzknecht und dass beide noch immer gute Kontakte zu ihrer alten Firma hätten und sie bestimmt für sie verwenden könnten, damit sie ihren Arbeitsplatz behielt, lenkte Gisela Materna ein und versprach, sich mit dem Jugendamt zu verständigen, damit Angela bei Lena bleiben konnte.

Dankbar schüttelte Lena zum Abschied ihre Hand. Gisela Materna schien zwar immer noch skeptisch zu sein, doch wirkte sie irgendwie erleichtert, die Verantwortung für ihre schwierige Tochter in andere Hände geben zu können.

»Alles klar?«, fragte Natalie, als Lena in den Wagen stieg.

»Alles bestens.« Sie lächelte zufrieden.

»Und wo fahren wir jetzt hin? Hast du nicht gleich dein Interview?«

»Lass das mal meine Sorge sein.«

Natalie versuchte, auf dem Weg in die Stadt wenigstens einen kleinen Hinweis auf die bevorstehende Überraschung zu erhalten, aber es gelang ihr nicht. Lena schwieg eisern, was die Erwartungen ihrer Freundin natürlich weiter hoch schraubte. Umso verwirrter war sie, als die beiden nach kurzer Fahrt vor einem ganz gewöhnlichen Wohnhaus anhielten. Sie war so perplex, dass sie dem Schild neben dem Eingang keine Aufmerksamkeit schenkte. *Dr. Rainer Dornberg, Psychotherapeut,* stand dort.

Erst als sie im Treppenhaus vor der Tür mit dem nun unübersehbaren Schild standen und Lena auf den Klingelknopf drücken wollte, begriff Natalie, was gespielt wurde. Schöne Überraschung, dachte sie, sah Lena verärgert an und nahm ihre Hand, um zu verhindern, dass sie klingelte.

»Dr. Dornberg ist ein netter Mann«, versicherte Lena, »er hat schon Roland Althofer geholfen.«

»Deshalb hat er sich wohl auch umbringen wollen«, versetzte Natalie bissig.

»Wenn er in Behandlung geblieben wäre, wäre das bestimmt nicht passiert.« Sie sah Natalie mit einem flehenden Blick an. »Ach, Natalie!«

Natalie schlug die Augen nieder. »Du hältst mich also für verrückt.«

Lena nahm sie an den Schultern. »Du bist nicht verrückt, du bist krank«, sagte sie ernst. »An Bulimie kann man sterben. Glaubst du, ich steh daneben und sehe zu, wie das passiert? Wenn schon nicht um deinetwillen, dann tu es wenigstens Uwe zuliebe.«

Sie blickte auf. »Uwe weiß davon?«

Lena nickte. »Der arme Kerl leidet wie ein Tier. Er traut sich nur nicht, etwas zu sagen.«

Erst jetzt begriff Natalie, dass es längst nicht mehr nur ihr Problem war. Uwe war so gut zu ihr, er las ihr jeden Wunsch von den Augen ab. Er hatte es nicht verdient, dass er ihretwegen litt. Deshalb war sie einverstanden.

Dr. Dornberg empfing die beiden Frauen freundlich. Als er Natalie in den Therapieraum brachte, wollte Lena ins Wartezimmer. Natalie blieb stehen und fragte sie erstaunt: »Was machst du da?«

»Denkst du, ich lass dich jetzt allein?«, versetzte Lena.

»Aber du hast doch in einer halben Stunde das Fotoshooting.«

Lena zuckte nur die Schultern. »Das muss eben warten.«

Dankbar sah Natalie sie an. Sicher, Lena hatte oft keine Zeit. Doch wenn man sie brauchte, war sie da.

Sie war noch nicht lange mit Dr. Dornberg im Zimmer, als Lena Schluchzen aus dem Therapiezimmer hörte. Sie nahm das als ein gutes Zeichen; Lenas seelische Verhärtungen schienen sich zu lösen. Das war zwar ein schmerzhafter, aber auch ein guter Anfang.

Mit verheulten Augen kam Natalie am Ende der Stunde auf Lena zu. Dr. Dornberg signalisierte Lena mit einem Blick und einem aufmunternden Lächeln, dass er den Fall keineswegs für hoffnungslos hielt. »Es wäre gut, wenn Ihr damaliger Lebensgefährte zu einer der nächsten Sitzungen mitkäme«, sagte Dr. Dornberg.

»Das macht Felix nie!«, rief Natalie sofort aus.

»Wir werden ihn fragen«, meinte Lena.

Wenig später verließen sie die Praxis des Psychoanalytikers. Natalie war froh, diesen Schritt unternommen zu haben und dankte Lena von ganzem Herzen. »Noch ist nichts erreicht«, gab ihre Freundin zu bedenken. »Du darfst nicht wieder lockerlassen, auch wenn es weh tut.«

Natalie nickte.

Mit einiger Verspätung kam Lena in der Boutique an. Presseleute sollte man nicht länger warten lassen als unbedingt notwendig, schon gar nicht, wenn sie durch freundliche oder allzu kritische Artikel Einfluss auf die Zukunft der Firma nehmen konnten. Sei's drum, die Sache mit Natalie hatte absoluten Vorrang gehabt.

Zu ihrer Überraschung war unter denen, die sie in der Boutique erwarteten, auch Wilfried Holzknecht. Als Lena eintrat, befand er sich gerade im Gespräch mit einem der Journalisten, entschuldigte sich aber sogleich und kam zu ihr. Seit er sie an jenem Abend, an dem sie ihr Kind verloren hatte, ins Krankenhaus gefahren hatte, war er seltsam freundlich, ja aufmerksam zu ihr.

»Aufgeregt?«, fragte er mit einem Lächeln auf den Lippen. Lena nickte. »Es gibt keinen Grund«, beruhigte er sie. »Sie sehen wie immer blendend aus.«

Nanu, dachte Lena. Als Charmeur war er bisher noch nicht in Erscheinung getreten. Doch im Moment tat ihr jede Aufmunterung gut. Holzknecht hatte eben mit dem Redakteur die Fragen erörtert, die in dem Interview gestellt werden sollten, und gab Lena nun Anweisungen, wie sie antworten, vor allem bei welchen Fragen sie eher vage bleiben sollte. »Bilanzen und Gewinnerwartungen sind tabu«, sagte er streng. Lena legte den Kopf schräg und sah ihn mokant an, fragte: »Wollen Sie nicht lieber selbst das Interview geben?«

»Mit meinem Gesicht?«, lachte er. »Und mit diesem Bauch? Wir müssten mit einem rasanten Kurssturz rechnen.«

Lena konnte nicht umhin zu lachen. Kaum zu glauben: Er hatte Humor. Und nicht nur das, er konnte sogar über sich selbst Witze machen.

Man rief nach Lena. Der Fotograf hatte eingeleuchtet, es war Zeit für die Fotos.

»Darf ich Sie nachher auf einen Kaffee einladen?«, fragte Holzknecht, als sie sich schon abwandte. »Es gibt ein paar Sachen zu besprechen. Um genau zu sein, ich will mich mit Ihnen gegen den Aufsichtsrat verbünden, der unbedingt eine Garn-Firma erwerben möchte.«

»Wir brauchen eine Näherei«, entgegnete Lena.

»Eben.«

»Schön. Wir reden nachher.«

Dann verließ sie ihn endgültig. Dr. Holzknecht sah ihr mit leicht verklärtem Blick nach. Was für eine Frau! Durchsetzungsfähig und gut aussehend – eine schwer zu widerstehende Kombination. Natürlich war die Sache mit der Garn-Firma nur ein Vorwand. Er war Manns genug, August Meyerbeer auch ohne seelischen oder argumentativen Beistand einen Wunsch abzuschlagen. Nein, die Besprechung mit Lena entsprang nur einem einzigen Wunsch: Er wollte mit ihr zusammen sein, am besten allein und außerhalb der Firma. Nicht, dass er sich Hoffnungen irgendwelcher Art machte oder Annäherungsversuche plante. Er schätzte seine Möglichkeiten realistisch ein. Doch ihre Nähe tat ihm gut.

Ungeduldig wartete Waltraud in der Villa auf Bernd. Er hatte angekündigt, es werde am Abend Ente geben. Deshalb hatte sie den Ofen schon vorgeheizt. Als er in seinem Taxi endlich heranjagte, eilte sie sogleich nach draußen, um ihm beim Hereintragen der Einkäufe zu helfen.

Bernd war reichlich nervös. Nicht nur, weil er für so viele Leute kochen sollte. Das hatte er schon öfter getan. Doch es waren Waltrauds Freunde. Er wollte sie unbedingt beeindrucken, und da er das mit seiner Person nicht zu schaffen glaubte, musste er auf kulinarische Weise für sich werben. Deshalb war auch die Ente vom Menü gestrichen, wie er der verdutzten Waltraud auf dem Weg in die Villa mitteilte, dafür gab es Kängurusteaks mit Austernpilzen und Preiselbeergelee in einem Nest von Knoblauchpüree. Vorneweg sollte es Wachteleier geben. »Das schmeckt toll«, versicherte er und setzte seine Tüten auf der Anrichte ab.

Waltraud schüttelte nur den Kopf. »Lena und Birgit Meyerbeer essen das doch nie«, sagte sie, »und dieses verzogene kleine Gör schon gar nicht. Allenfalls Natalie Sailer, weil die ja alles frisst.«

Beleidigt wandte Bernd sich um. »Wenn du nicht

willst …« Schon nahm er die Tüten wieder, offenbar um sie wieder zum Auto zu tragen. Waltraud hielt ihn zurück. »Ist ja schon gut«, beschwichtigte sie. »Fang endlich an zu kochen.«

Das machte Bernd auch, denn da war er in seinem Element. Während in der Küche Töpfe, Pfannen und Schüsseln klapperten, überlegte Waltraud, unter welchem Etikett sie das zu erwartende Mahl an den Mann und die Frau bringen könnte. Wild, dachte sie zuletzt, als Wild ließ sich so ziemlich alles verkaufen, was nicht Rind oder Schwein war.

Schon bald drangen appetitanregende Gerüche aus der Küche in den Flur. Waltraud hatte den Tisch gedeckt. Bis auf Birgit, die ihren Flug aus Köln nicht mehr erwischt hatte und eine Maschine später kam, hatte niemand abgesagt.

Als Erste kamen Lena und Natalie. Lena war von der Fotosession und dem Interview völlig erledigt. Doch sie hob ihre Nase und sog den Duft genüsslich ein. Es war, als käme dadurch auch frisches Leben in sie. »Was gibt's denn?«, fragte sie Waltraud, die gerade aus dem Esszimmer kam. »Es riecht jedenfalls toll.«

»Ach, Bernd zaubert sogar aus einem alten Kängurubeutel ein Festmahl«, sagte sie.

»Kängurubeutel?«, wiederholte Lena und sah Waltraud misstrauisch an.

»Metaphorisch gesprochen«, rettete Waltraud die Situation.

»Ach so.«

Lena und Natalie verschwanden im Wohnzimmer. Waltraud atmete auf. Gerade noch einmal gut gegangen.

Nach und nach trafen die Gäste ein: Marion Stangl, Ewald Kunze, Angela, Uwe und Chris. Sie alle hatten von Bernds Qualitäten als Koch gehört und waren schon gespannt. Aber nicht nur auf das Essen, sondern auch auf ihn selbst. Allerdings bekamen sie von ihm nicht besonders viel zu sehen, denn auch nachdem das Essen aufgetragen war, schickte Waltraud ihn ständig in die Küche. Mal sollte er noch einen Salzstreuer holen, dann den Korkenzieher, obwohl der längst auf dem Tisch lag und der arme Bernd ihn zehn Minuten lang vergebens suchte. Mal bat sie ihn, auf die Schnelle noch etwas von dem Knoblauchpüree zu machen oder sonst allerlei. Auf diese Weise wollte sie verhindern, dass er die Anerkennung, die er sich als Koch erworben hatte, gleich wieder verspielte, indem er preisgab, dass alle eben Kängurufleisch verspeist hatten.

Am Ende waren alle glücklich. Noch auf dem Weg nach draußen lobte Marion Stangl den wundervollen Rehrücken, nie zuvor in ihrem Leben habe sie einen so guten gegessen. Die Einzige, die nur wenig zu sich genommen hatte, war Natalie – ausgerechnet! Sie wirkte überhaupt sehr unruhig, von ihrer sonstigen Ausgelassenheit war wenig zu spüren.

Waltraud war froh, als sie alle fort waren. Da schlang sie zum ersten Mal an diesem Abend ihre Arme um Bernds Hals und küsste ihn.

»Glaubst du, deine Freunde mögen mich?«, fragte er bang.

Waltraud überlegte. Eigentlich, fand sie, hatte Bernd sich ganz gut geschlagen. Er hatte die Runde zum Lachen gebracht, auch wenn seine Späße von eher einfacher Natur gewesen waren. Vor allem zwischen ihm und Uwe schien sich eine spontane Sympathie eingestellt zu haben. »Ich bin mir sogar ziemlich sicher«, entgegnete Waltraud und küsste ihn erneut. »Und wenn nicht, ist es mir auch egal. Ich liebe dich nämlich, ganz egal, was die anderen über dich sagen.«

Glücklich drückte Bernd sie an sich.

Liebesleid

Während Angela und Chris sich in ihren Betten noch zwischen Kissen und Decken wälzten, war Lena längst bei der Arbeit. Nach einem spärlichen, zwischen Entwürfen, Skizzen und Bilanzen eingenommenen Frühstück ließ sie sich auf das Sofa im Wohnzimmer fallen, um bei einer Tasse starken Kaffees ihre Termine für diesen Tag zu sortieren. Sie blätterte wild in ihrem Kalender hin und her, strich manches aus oder fügte es woanders ein. Um allem gerecht zu werden, hätte sie die seltene Gabe besitzen müssen, an mehreren Orten gleichzeitig zu sein.

Das Klingeln des Telefons unterbrach ihre Planungen. Ewald Kunze war am Apparat. Er teilte mit, eine Frau Materna sei an der Pforte und wolle zu ihrer Tochter. Lena erschrak. Was hatte das zu bedeuten? Neue Schwierigkeiten? Seit ihrem Gespräch mit Angelas Mutter hatten sie vom Jugendamt nichts mehr gehört und dies als ein positives Anzeichen gesehen. War das in Wahrheit nur die Ruhe vor dem Sturm gewesen?

Lena bat Kunze, Frau Materna in die Kantine zu schicken, sie würde dafür sorgen, dass Angela in zehn Minuten dort sei. Dann eilte sie zum Schlafzimmer des Mädchens. Auf dem Flur begegnete ihr Chris. Seine Augen waren noch winzig, das Haar wirr. Er trug wie immer ihren Bademantel und stapfte, irgendetwas brummend, ins Bad. Der Anblick verdross Lena. Ihr wollte nicht in den Kopf, wieso er sich so gehen ließ, ein Mann voller Talente und Möglichkeiten.

Doch alles zu seiner Zeit. Im Moment ging Angela vor. Lena klopfte nur kurz an ihre Tür und ging sogleich hinein. Die Vorhänge waren zugezogen, auf dem Boden und über sämtliche Möbel verteilt lagen Klamotten, dazwischen CDs, Zeitschriften, Schminkzeug, Bücher und Hefte. Angela schlief noch. Weil sie am Wochenende durchgearbeitet hatte, hatte Lena ihr für heute freigegeben. Rudi, der sein Lager am Fußende des Bettes hatte, hob neugierig den Kopf.

»Aufwachen!« Lena schüttelte das Mädchen unsanft. »Deine Mutter ist im Anmarsch!«

Beim dem Wort »Mutter« war Angela hellwach. Sie fuhr hoch, blinzelte und sah Lena mit einer Mischung aus Furcht und Unbehagen an. »Mama? Was will sie hier?«, fragte sie.

»Keine Ahnung«, sagte Lena. »Ich hab sie in die Kantine geschickt. Steh auf und zieh dir was Nettes an.«

»Du kommst doch mit?«, fragte Angela ängstlich.

»Geht nicht. Ich muss in die Boutique. Die neue Kollektion ist endlich aus Barcelona eingetroffen. Wie immer zu spät.«

Angela war enttäuscht. Ohne Lena fühlte sie sich der Situation nicht gewachsen. Bestimmt würde ihre Mutter sie sofort wieder mit Vorwürfen bombardieren, die ganze alte Leier abspulen, ein Wort würde das andere geben und am Ende würden sie sich nur noch anschreien und Dinge an den Kopf werfen, die ihnen hinterher Leid täten. Wie immer eben. Vielleicht war sie sogar gekommen, um sie mitzunehmen. Wer würde sie daran hindern, wenn Lena nicht dabei war?

Angela beobachtete, wie Lena ihre herumliegenden Klamotten durchsah und ein paar Sachen herauspickte, die sie ihr vor die Nase hielt. »Das ziehst du an«, bestimmte sie. »Und jetzt mach! Du hast nicht viel Zeit.«

Angela sprang aus dem Bett. Rudi hüpfte ebenfalls auf den Boden und streckte sich die Müdigkeit aus den Knochen. »Ist wenigstens das Bad frei?«, wollte sein Frauchen wissen. »Oder liegt Chris wieder stundenlang in der Wanne? Wird echt Zeit, dass er sich mal wieder eine Arbeit sucht.«

Lena verkniff sich eine Antwort. Widersprechen konnte sie nicht, da Angela im Grunde Recht hatte. Trotzdem war es ihr lieber, wenn das Mädchen seine eigenen Schwierigkeiten löste, ehe sie sich über das Leben anderer Leute den Kopf zerbrach. Sie schob Angela aus dem Zimmer, Rudi trottete hinterher. Wie befürchtet, blockierte Chris das Bad, wurde aber mit Faustschlägen gegen die Tür herausgetrommelt. Murrend ging er ins Wohnzimmer, wo er sich auf die Couch fallen ließ, offenbar, um noch ein bisschen zu schlafen.

Lena spürte ein Kribbeln in ihrem Bauch. Keines von der angenehmen Sorte. Sie mied Chris lieber, denn zwischen ihnen herrschte eine ungute Spannung, von der man nie wissen konnte, auf welche Art sie sich entladen würde.

Wenig später kam Birgit in die Villa. Sie hatte diese Nacht bei ihrem Vater verbracht, denn den alten Brummbären quälten schreckliche Zahnschmerzen. An der Pforte hatte ihr Kunze einen Brief für Chris mitgegeben, der fälschlicherweise bei ihm abgegeben worden war. Von der Uni Essen. Neugierig trat Lena näher, betrachtete den Umschlag und rief Chris.

In gemächlichem Tempo kam er herein, riss den Brief ohne Überraschung, aber auch ohne jede Erklärung auf und las. Seiner Miene war nichts zu entnehmen: weder Enttäuschung noch Begeisterung noch sonst eine Gefühlsregung.

Lena trat hinter ihn und schaute über seine Schulter, um wenigstens ein paar Worte zu erhaschen. »Dozentur« las sie. Offenbar handelte es sich um das Antwortschreiben auf eine Bewerbung. Und es schien positiv zu sein. »Das ist ja fantastisch!«, rief sie aus. »Wieso hast du nichts davon erzählt?«

»Weil ich abwarten wollte, ob es klappt oder nicht«, versetzte er, gab ihr den Brief, als ob er ihn nichts mehr anginge, und kehrte ins Wohnzimmer zurück. Kein Anzeichen von Freude war an ihm. Er wirkte sogar, als sei er über den positiven Zwischenbescheid der Universität unglücklich.

Lena blieb ihm auf den Fersen. »Ich hatte mich eigentlich in München beworben«, sagte er und ließ sich wieder auf das Sofa fallen. »Leider zu spät. Und jetzt soll ich mich in Essen vorstellen. Was soll ich in Essen?«

»Natürlich gehst du da hin.« Sie setzte sich auf die Sofakante und strich ihm durch das wirre blonde Haar. »Deine Gammelei hier war sowieso nicht länger auszuhalten.«

Chris fuhr hoch. »Wenn du mich loswerden willst, musst du es nur sagen«, stieß er aus. »Dazu brauche ich keine Dozentur in Essen anzunehmen.«

Aufmerksam verfolgte Birgit von der Küche aus den Streit. Je mehr sich die Fronten zwischen den beiden verhärteten, desto zufriedener wurde sie. Dass Chris in der Villa wohnte, war ihr von Anfang an gegen den Strich gegangen, denn er nahm für ihren Geschmack viel zu viel von Lenas Aufmerksamkeit in Anspruch. Denn Birgit wohnte eigentlich nur in der Villa, um mehr von Lena zu haben, und nicht, um ihr Leben mit einem Fotokünstler in der Sinnkrise und einem ausgeflippten Teenager samt vierbeinigem Anhang zu teilen.

»Ich will dich nicht loswerden«, sagte Lena gerade, lauter und bestimmter als vorhin, »aber es tut mir in der Seele weh, mit anzusehen, wie ein dermaßen talentierter Mann wie du seine Zeit verplempert, indem er einfach nur rumsitzt und grübelt. Wir könnten dich in der Firma dringend gebrauchen. Die letzten Fotos waren grottenschlecht.«

»Keine Werbung mehr«, versetzte Chris, »das hab ich dir zigmal gesagt!«

»Dann mach wenigstens irgendwas!«

Inzwischen kam Angela gewaschen und angezogen aus dem Bad. »Ich geh dann«, rief sie vom Flur aus ins Wohnzimmer, doch niemand achtete darauf. Sie zuckte nur die Schultern und verschwand.

Angela hatte ein flaues Gefühl im Bauch. Ohne Lenas Beistand fühlte sie sich so hilflos. Wenn ihre Mutter gleich wieder mit Vorwürfen über sie herfallen würde, konnte sie, allen guten Vorsätzen zum Trotz, nicht garantieren, dass sie ruhig bleiben würde.

Mit pochendem Herzen ging sie in die Kantine, in der um diese Zeit kaum etwas los war. Nur ein paar Fahrer, deren Lkws beladen wurden und die vor ihrer Tour noch einen Bissen zu sich nahmen. Schon von der Tür aus sah Angela ihre Mutter vor einer Tasse Kaffee sitzen. Sie wirkte traurig. Angela ging auf sie zu, blieb aber in einigem Abstand stehen. Gisela Materna blickte auf. Mutter und Tochter sahen sich an, ein Blick, der alles enthielt: Zorn und Enttäuschung, aber auch Liebe und Bedauern.

»Ich hab am Freitag die Sache mit dem Jugendamt geklärt«, sagte Gisela Materna mit belegter Stimme.

Angela bemerkte, dass sie mindestens ebenso aufgeregt war wie sie. Das nahm etwas von ihrer Bedrohlichkeit und gab genug Sicherheit, um sich zu ihr zu setzen und zu fragen, wie es ihr ginge. Gisela Materna erzählte, dass ihr Arbeitsplatz bei der Brauerei durch Dr. Holzknechts Fürsprache gesichert sei. Sie habe jetzt sogar den Posten im Büro bekommen, um den sie sich schon mehrmals vergeblich bemüht hatte. Dann Schweigen, gebrochen erst durch die bange Frage: »Warum, Angela? Warum geht jetzt auf einmal, was früher nicht gegangen ist? Es kann doch nicht an Dieter gelegen haben? Er hat seine Eigenheiten, aber so schlimm ist er auch wieder nicht.«

Angela senkte den Blick, betrachtete ihre Finger, die an einem imaginativen Faden zupften. Sie wusste selbst nicht genau, woran es lag. Mit dem Tod ihres Vaters, den sie über alles geliebt hatte, war für sie eine Welt zusammengebrochen. Mit seinem Tod war ihre Kindheit zu Ende gegangen. Ihr Zuhause war ihr zu eng geworden, sie hatte die Bevormundung nicht mehr ertragen, das ganze Leben, das einfach so weitergehen sollte wie zuvor, obwohl sich alles verändert hatte. Man wollte ihr vormachen, ihr Vater sei nur auf eine Reise gegangen, von der er jederzeit zurückkommen könne. Lügen, die man unwissenden Kindern erzählte. Sie war aber kein Kind mehr gewesen. Sie war nicht erwachsen, das nicht, aber sie war eben auch kein Kind mehr. Und dann eben Dieter, der glaubte, er müsse die Lücke füllen. Niemand konnte diese Lücke füllen. Schon gar nicht Dieter.

»Lena behandelt mich wie eine Erwachsene«, sagte Angela. »Und hier in der Kantine werde ich manchmal sogar mit Frau Materna angesprochen.«

Sie redete nicht weiter. Wieso sollte sie ihrer Mutter Vorwürfe machen? Es war plötzlich nicht mehr wichtig, im Recht zu sein oder irgendjemand etwas zu beweisen. Auch sich selbst musste sie nichts mehr beweisen. Die Nebel, die über ihrem Leben gelegen hatten, hatten sich gelichtet, sie kannte jetzt ihr Ziel. Sie würde sich etwas aufbauen, etwas Eigenes. Genau wie Lena.

Angela sah den Schmerz in den Augen ihrer Mutter. Die Verzweiflung darüber, dass alles so gekommen war, die Scham, dass sie versagt hatte. Sie tat ihrer Tochter Leid. Aber Angela fand nicht die Worte, sie aus dieser Schuld zu erlösen. »Mama«, sagte sie nur hilflos zu ihrer Mutter und nahm ihre Hand, die wie leblos auf dem Tisch lag.

Gisela Materna versuchte ein Lächeln, was kaum gelang. »Schon gut«, wies sie den Trost zurück, »wenigstens bist du weg von der Straße. Ich wünschte trotzdem, du wärst bei uns.« Ihr Blick fiel bleischwer nieder, sie unterdrückte eine Träne. Dann schaute sie wieder auf. »Dieter hat mich gefragt, ob ich ihn heiraten will …«

»Tu's, wenn du es für richtig hältst«, bestärkte Angela sie, obwohl schon die Vorstellung in ihr Widerwillen hervorrief. Deshalb fügte sie hinzu: »Ich finde nur, du hättest etwas Besseres verdient.«

Gisela Materna lachte bitter. »In deinem Alter hat man noch die freie Wahl. Aber ich?« Sie stand auf.

Betroffen von diesen Worten und von der Mutlosigkeit, die sich darin ausdrückte, folgte Angela ihrer Mutter nach draußen. Nie zuvor, nicht mal am Grab des Mannes, den sie beide, auf unterschiedliche Weise zwar, aber doch mit der gleichen Intensität, geliebt hatten, hatte Angela Mitleid für sie empfunden. Sie war ihr immer so stark erschienen, war für sie jemand gewesen, der kein Mitleid brauchte. Und jetzt zeigte sie sich plötzlich so schwach. Angela nahm ihre Mutter in den Arm, drückte sie tröstend an sich. Zum ersten Mal seit langer Zeit.

Nach ihrem Streit mit Chris hatte Lena aufgebracht die Villa verlassen. Sie verstand einfach nicht, was in ihm vorging. Und sie hatte auch keine Lust, auf seine seelischen Wehwehchen einzugehen. Für sie lag der Sinn allen Lebens in einer sinnvollen Tätigkeit, einem Ziel. Hatte sie nicht alle Krisen auf diese Weise überwunden? Den Tod zweier geliebter Menschen: ihrer Mutter und Florian Ungers? Das unglückliche Ende ihrer Schwangerschaft? Spirituelle Formen der Sinnsuche und Tröstung waren ihr zeitlebens fremd geblieben und sie dazu bekehren zu wollen, wäre ein hoffnungsloses Unterfangen gewesen. Die Dozentur in Essen erschien ihr deshalb für Chris als der richtige Ausweg aus seiner Krise.

Als sie die Boutique betrat, um die frisch eingetroffene Lieferung aus Barcelona zu begutachten, hingen ihr diese Gedanken zwar noch nach, fielen aber rasch von ihr ab. Zumal sie ausgerechnet Felix und Dieter Lausitz zwischen der neuen Ware, die gerade in die Kleiderständer und Regale geräumt wurde, herumlungern sah, was ihre ohnehin schon schlechte Laune nicht eben verbesserte. Was hatten die beiden hier zu suchen? Im nächsten Moment wusste sie es. Wahrscheinlich hatte Felix diesem Widerling Lausitz von den Fertigungsproblemen in Barcelona erzählt und nun wollte der sich selbst überzeugen, ob die Schilderungen zutrafen. Anhaltende Fertigungsprobleme würden sich schädlich auf den Aktienkurs auswirken. Und dass die beiden mit *ACF*-Aktien spekulierten, war ein offenes, wenn auch unbestätigtes Geheimnis.

Entschlossen trat Lena auf die beiden Männer zu.

Doch Lausitz hatte sie rechtzeitig gesehen, um das Weite zu suchen. Forsch auf den Ausgang zuschreitend, grüßte er sie nur im Vorübergehen in der ihm eigenen hinterhältig-höflichen Weise und war schon draußen, ehe Lena etwas sagen konnte. Felix sah keinen Grund zu gehen.

»Lange nicht gesehen«, sagte Lena kühl, ohne ihn zu begrüßen. »Wie gefällt dir die neue Kollektion?«

»Du solltest über Designs ohne Knöpfe nachdenken«, entgegnete Felix mit einem ironischen Lächeln und hielt ihr einen Knopf hin, der von einem Blazer abgegangen war. Wie peinlich, dachte Lena, nahm den Knopf und meinte: »Das Teil muss noch mit der alten Knopfmaschine gearbeitet sein. Inzwischen wurde eine neue installiert.«

Felix zog die Brauen hoch. »Neue Maschine? In Barcelona? Lohnt sich das denn? Ich dachte, ihr wollt in Zukunft die gesamte Produktion nach Augsburg verlegen.«

Lenas Blick wurde misstrauisch. Sie kniff die Augen zusammen. Woher wusste er davon? In der letzten Aufsichtsratssitzung war in der Tat über dieses von Lena schon lange geplante Vorhaben beraten worden, wenn auch ohne abschließende Entscheidung. Auf irgendeinem zweifelhaften Weg musste Felix an das Protokoll der Sitzung gekommen sein. Sicher hatte er sein Wissen an Lausitz weitergegeben. Und der wusste wohl auch, was das für den Aktienkurs bedeutete. Produktion in Deutschland hieß steigende Kosten und damit steigende Preise, was unweigerlich zu stark sinkenden Gewinnen führen würde.

Lena hielt einen abrupten Themenwechsel für angebracht. »Ich muss wegen Natalie mit dir reden«, sagte sie. Doch Felix winkte ab, kaum dass der Name seiner Exfreundin gefallen war. »Da gibt's nichts zu reden.« Er hob abwehrend die Hände. »Es war nicht leicht, über die Trennung hinwegzukommen. Inzwischen ist die Sache abgehakt und dabei soll es bleiben.«

»Natalie geht es nicht gut«, fuhr Lena unbeirrt fort. »Sie hat Bulimie.«

Felix' Augen weiteten sich. Sein Mund stand offen, brachte aber nichts hervor außer einem hilflosen: »Wie bitte?« Im ersten Moment fühlte er sich sogar schuldig. Doch dann sprangen alle Abwehrmechanismen in ihm an. Was hatte er damit zu tun? Das bewies in seinen Augen nur eins: Natalie war nicht ganz richtig im Kopf. Hatte sich das nicht schon darin gezeigt, dass sie ihm den Laufpass gegeben hatte, um sich jemandem wie diesem Uwe an den Hals zu werfen?

»Ich war mit Natalie bei einem Therapeuten«, berichtete Lena, »Dr. Dornberg. Der Name dürfte dir was sagen. Er will dich in den ersten Stunden gerne dabei haben. Das würde viel zum Erfolg der Therapie beitragen, meint er.«

Felix lachte unbeholfen auf. »Das ist doch nicht dein Ernst?!« Statt des Bettes sollte er nun die Therapiecouch mit Natalie teilen? Wollte Lena sich über ihn lustig machen?

»Bei der Gelegenheit könntest du auch die Panikattacken wegen deiner Herzgeschichte zur Sprache bringen«, fügte Lena hinzu. Wilhelm, in dessen Haus Felix neuerdings untergeschlüpft war, hatte ihr davon erzählt. Seit seinem Herzanfall litt Felix unter der Angst, so etwas könne wieder geschehen, obwohl man im Krankenhaus auch nach gründlichen Untersuchungen keinen Herzfehler hatte feststellen können. Jedes Herzrasen versetzte ihn in wilde Panik, die von Mal zu Mal schlimmer wurde und ihn irgendwann tatsächlich in die Nähe eines Herzanfalls bringen könnte.

»Ich hab wirklich einen Herzfehler«, rief er aus. »Ich bilde mir das nicht ein!«

»Darf ich daraus schließen, dass du Natalie nicht helfen wirst?«

»Soll sie mit ihrem neuen Freund hingehen. Und jetzt entschuldige mich, ich …«

Er wandte sich schon ab, um zu gehen, doch Lena hielt ihn zurück. »Was wollte Dr. Lausitz hier?«, fragte sie.

»Wir wollten uns nur die neue Kollektion ansehen«, entgegnete Felix und setzte eine Unschuldsmiene auf.

»Hat euer Fonds Aktien von uns im Portfolio?«

Felix zuckte die Schultern. »Keine Ahnung. Die kaufen und verkaufen ständig. Ich treffe mich mit Lausitz nur, weil er der Einzige ist, der Kontakt zu Roland hat, oder vielmehr zu der Stripperin, die bei ihm in Griechenland ist.«

Lena hatte schon von Rolands Idyll am Meer erfahren und auch, dass er es mit der Frau teilte, die ihn um ein Haar das Leben gekostet hätte. Verrückte Welt! Sie gönnte ihm sein Glück, manchmal fragte sie sich sogar, ob er nicht das einzig Richtige getan hatte. Doch im nächsten Moment wusste sie wieder: Was für ihn richtig sein mochte, musste es nicht auch für sie sein.

Felix' Interesse am Schicksal seines Bruders kam ihr jedoch geheuchelt vor. Hatte er ihn nicht stets verachtet und den Tag herbeigesehnt, an dem er endlich nicht nur aus der Firma, sondern auch aus seinem Leben verschwinden würde?

»Sag bloß, du vermisst Roland neuerdings«, sagte Lena.

»Das nicht. Aber der Wahnsinnige schreibt, wie ich höre, eine Art Enthüllungsroman, in dem er mit uns allen abrechnet. Dir dürfte darin eine ganz besondere, wenn auch wenig schmeichelhafte Rolle zufallen.« Felix grinste schadenfroh.

Im ersten Moment fehlten Lena die Worte. Die Vorstellung, von Roland bloßgestellt zu werden, gefiel ihr nicht. Doch sie fasste sich schnell. »Und wenn schon«, versetzte sie, »ich hab mir nichts vorzuwerfen. Außer vielleicht, mich in euch beiden getäuscht zu haben. Ich dachte, du wärst wie ein richtiger Bruder für mich … und Roland mein Feind. Aber offenbar ist es genau umgekehrt.« Damit wandte sie sich ab und ließ Felix stehen.

Der spürte, wie das Herz in seiner Brust zu rasen anfing. Er hätte ihr viel zu erwidern gewusst. Ja, es hatte wirklich eine Zeit gegeben, in der er ihr ein Bruder hatte sein wollen. Er hatte sie gegen alle Angriffe und Intrigen der Familie verteidigt, hatte sich dadurch oft selbst außerhalb der Familie gestellt. Was war der Dank dafür gewesen? Kaum hatte er nach dem Verkauf seiner Anteile keinen Einfluss mehr gehabt, hatte sie ihn abserviert, fallen gelassen wie eine heiße Kartoffel. Nie in seinem Leben würde er das vergessen.

All dies hätte er ihr am liebsten hinterhergeschrien. Doch er kam nicht dazu, sein Hals war wie zugeschnürt, während das Herz in seiner Brust hämmerte, als wolle es zerspringen. Kalter Angstschweiß perlte auf seiner Stirn. Mit hastigen Bewegungen fingerte er in der Tasche seines Sakkos, holte eine Tablettenschachtel heraus und drückte sich zwei Tabletten in die Hand, die er auch sogleich gierig in den Mund nahm und mit kaltem Kaffee hinunterspülte.

Sein Herz beruhigte sich. Von seinem Gemütszustand ließ sich das allerdings nicht sagen. Aufgebracht verließ er die Boutique und wenig später hörte man die Reifen seines Porsche auf dem Asphalt quietschen.

Enttäuscht verließ Cornelia mit Klein-Florian auf dem Arm das Haus August Meyerbeers. Hedda hatte vor einiger Zeit versprochen, den Jungen über Nacht bei sich zu behalten, denn ihre Tochter hatte seit langem wieder einen Auftritt als Pianistin, wenn auch in zwar exquisitem, aber kleinem Rahmen. Trotzdem war es für sie ein Ereignis von herausragender Bedeutung, hatten ihr doch sämtliche Ärzte nach einem Unfall, bei dem ihre Hand in einer Webmaschine eingequetscht worden war, die niederschmetternde Prognose gestellt, sie werde nie wieder Klavier spielen können. Willenskraft und Ausdauer hatten alle Schwierigkeiten überwunden. Auch wenn die große Pianistinnenkarriere, die sie einmal angestrebt hatte, für immer passé war, sie konnte wenigstens wieder an einem Klavier sitzen und für andere Menschen ihren geliebten Rachmaninow spielen.

Was für eine Enttäuschung, dass ihre Mutter von diesem bedeutenden Ereignis in ihrem Leben kaum Notiz zu nehmen schien. Hedda hatte nicht nur das Konzert völlig vergessen, sondern auch ihr Versprechen, Klein-Florian zu beaufsichtigen. Alles, was sie beschäftigte, waren Augusts Zahnschmerzen. Mit geschwollener Backe lag er den ganzen Morgen schon auf dem Sofa, unleidig und immer wieder barsch auf seinen angeschlagenen Zustand verweisend.

Männer, dachte Cornelia, während sie zu ihrem Wagen zurückkehrte. Jammern schon bei ein wenig Zahnweh als lägen sie im Sterben! Wie würden sie sich erst anstellen, wenn sie ein Kind zur Welt bringen müssten. Und was machte Hedda? Sie bemutterte ihn wie ein Kind, emsig bemüht, seinen Wünschen zuvorzukommen. Nie zuvor hatte Cornelia sich so unwillkommen gefühlt.

Wem konnte sie ihr Kind nun anvertrauen? Wilhelm schied aus, er liebte seinen Enkel zwar über alles, war aber als Babysitter völlig ungeeignet. Der alten Frau Schirmer, die zwar schon einmal Kinderfrau und Köchin in Cornelias Haushalt gewesen war, war es dennoch nicht zuzumuten, den Kleinen für eine ganze Nacht bei sich zu behalten. Als Letzte fiel ihr Lena ein. Da sie ohnehin noch das Kleid, das sie am Abend beim Konzert tragen wollte, im Atelier abholen musste, würde sie sie einfach fragen.

Mit einem unguten Gefühl fuhr Cornelia zur Firma. Sie hielt ihren Wagen vor dem Eingang der *Fashion Factory* an und ließ Klein-Florian im Auto zurück. Im Atelier traf sie nicht nur Natalie Sailer, die zusammen mit Emma Martinek ihr Kleid genäht hatte, sondern zu ihrer Erleichterung auch Lena, die eben aus der Boutique zurückgekehrt war und Natalie von ihrem Gespräch mit Felix erzählt hatte.

Natalie war wenig erstaunt über die abschlägige Antwort. Es hätte sie schon eher überrascht, wenn er ihr zuliebe zu Dr. Dornberg mitgekommen wäre. Als Lena Felix' Herzbeschwerden erwähnte, sagte sie nur voll Bitterkeit: »Felix hat ein Herz? Das ist mir neu.«

Als Cornelia hereinkam, blickte Emma Martinek, die am anderen Ende des Raumes mit einer Näharbeit beschäftigt war, auf und rief ihr zu, dass ihr Kleid schon seit langem fertig sei. Natalie fragte nach dem kleinen Florian. »Der ist unten im Wagen«, teilte Cornelia mit.

»Darf ich runtergehen und ihn mir ansehen?«, bat Natalie.

Cornelia erlaubte es gerne, denn so konnte sie mit Lena ungestört sprechen. Glaubte sie zumindest, denn Lena musste gleich weg, zu einer Besprechung mit Wilfried Holzknecht. Deshalb vertröstete sie Cornelia und verabredete sich mit ihr für später in der Villa. Inzwischen könne sie ja ihr Kleid anprobieren.

Cornelia ließ sich Zeit, plauderte mit Emma Martinek über die alten Zeiten, ihren Vater, den kleinen Florian. Das Kleid passte wie angegossen und Cornelia nahm es sogleich mit. Dann ging sie zum Parkplatz. Natalie spielte noch immer mit dem Kind, sie schien ganz vernarrt in den Jungen zu sein. Seit sie mit Uwe einen Mann gefunden hatte, der ihr nicht nur als Liebhaber, sondern auch als Vater tauglich schien, dachte sie schon manchmal an eine eigene Familie.

Cornelia dankte für die Beaufsichtigung, verstaute das Kleid im Wagen und fuhr bis vor die Villa. Als sie die Stufen zur Haustür hinaufstieg, kam Lena auch schon von weitem rufend über den Firmenhof gelaufen. Drinnen wurde Kaffee aufgesetzt, Cornelia war wieder voller Bewunderung für diese Frau, die allen Widrigkeiten zum Trotz ihren Weg ging. Sie zögerte zuerst, die eigentliche Absicht ihres Besuches auszusprechen. Schließlich war Klein-Florian das Kind genau jenes Mannes, den sie beide geliebt und um den sie beide gekämpft hatten. Dann nahm sie allen Mut zusammen und fragte geradeheraus, ob sie ihr den Gefallen tun könne.

Cornelia war erleichtert, als Lena nicht nur zusagte, sondern auch noch sehr glücklich schien, auf Florian aufpassen zu dürfen.

Doch Lena ging etwas anderes nicht aus dem Kopf. »Sag mal, weißt du was über diesen Roman, den Roland angeblich schreibt?«, fragte sie. Roland als Schriftsteller, sie konnte sich das gar nicht vorstellen. Ganz abgesehen davon, dass ein solches Buch einen Wirbel verursachen würde, der der Firma bestimmt nicht nützen würde.

Cornelia tat die Sache ab. »Roland findet für seine Seelenergüsse doch keinen Verleger«, meinte sie. »Und wenn doch: Wer will schon lesen, was er so zusammenschreibt? Mach dir da mal keine Sorgen.«

Und als Retter in der Not ritt der Herr Sanierer auf den Firmenhof … Das Geklapper der alten Schreibmaschine übertönte das Rauschen der Wellen, das vom felsigen

Strand heraufdrang. Unablässig hämmerten die Typen auf das Papier ein. Silkes Finger liefen wie flinke Käfer über das Tastenfeld. Zu ihrer Linken lag die Kladde mit Rolands handgeschriebenem Manuskript, zu ihrer Rechten ein Papierstapel mit dem bereits abgetippten Text. Die Passage, die jetzt kam, hielt Silke für besonders gelungen. Der Sanierer aus Frankfurt betrat die Bühne des Geschehens. Er würde sich sowohl an die Tochter des Hauses wie an die kreative junge Designerin heranmachen, alles in der Absicht, möglichst viel Einfluss in der Firma zu gewinnen.

»Silke!«, erklang es von draußen. »Komm endlich!«

Silke blickte auf. Sie hatte die Zeit völlig vergessen. Sogar die Hitze, die ihr den Schweiß aus den Poren trieb, obwohl sie nur ein luftiges Trägerkleid trug.

Im nächsten Moment stand Roland in der Tür. Er zog die Stirn in Falten. Wieso nur verschwendete sie so viel Zeit an seinen Roman? Er hatte ihn nicht geschrieben, um ihn zu veröffentlichen, sondern um all das loszuwerden, was ihn bedrängte: seinen Hass, seine Enttäuschungen, seine Verzweiflung. Die Darstellung verzerrte zum Teil die Ereignisse und Personen. Wieso auch nicht? Er hatte schreibend ja nur sein Selbstmitleid ausgelebt, um es zu überwinden. Das war ihm gelungen. Jetzt hatte er seinem Werk gegenüber eine distanzierte, ja zwiespältige Einstellung.

Schon gar nicht konnte er Silkes Besessenheit verstehen. Sie schien davon überzeugt zu sein, dass in ihm ein großer Autor stecke und dieses Buch das Potenzial zum Bestseller habe. Am liebsten hätte er die Kladden weggeschlossen oder ins Meer geworfen.

Doch da er Silke nichts abschlagen konnte, ließ er sie gewähren.

Das Klingeln ihres Handys schreckte sowohl Silke als auch Roland auf. Er wandte sich sofort ab, verließ die Hütte und rief ihr über die Schulter nur noch zu: »Wenn's für mich ist, ich bin nicht da.«

Silke nahm das Gespräch an. Zu ihrer Überraschung meldete sich nicht Lausitz – der Einzige, dem sie ihre Nummer gegeben hatte –, sondern Felix. Er verlangte, seinen Bruder zu sprechen. Silke wies ihn brüsk zurück, verbat sich weitere Anrufe und unterbrach die Verbindung. Lausitz konnte was erleben! Es war abgemacht gewesen, dass er niemandem ihre Nummer geben sollte, schon gar keinem vom Althofer-Clan. Damit sie nicht noch einmal belästigt wurden, schaltete sie das Handy aus.

Für heute ließ sie es mit dem Abtippen gut sein, nahm ihren Beutel mit den Badesachen und ging zu Roland, der gerade ein kleines Ruderboot ins Wasser schob. Sie wollten zu einer kleinen Bucht fahren, wo sie ungestört baden konnten. Silke warf ihren Beutel ins Boot und half ihm.

»Willst du gar nicht wissen, wer gerade angerufen hat?«, fragte sie.

»Nein«, antwortete Roland heftig.

»Und wenn es jemand aus deiner Familie war?«

»Dann erst recht nicht.«

»Es könnte jemand krank oder gestorben sein.«

Roland ließ einen Unmutslaut los. Sein Widerwillen gegen alles, was mit seiner Vergangenheit zu tun hatte, war gewaltig, deshalb wollte er gerade mit seiner Familie nichts zu tun haben. Überhaupt mit der Welt da draußen. Trotzdem, ein Funken Neugier war doch in ihm.

Als das Boot im Wasser lag, hielt er es fest, damit Silke einsteigen konnte, und kletterte dann selbst hinein. »Na schön«, sagte er nach den ersten Ruderschlägen, »wer war es?«

»Dein Bruder«, teilte sie mit.

»Wie kommt er an deine Nummer?«

»Wozu gibt's eine Auskunft?«, versetzte sie, verbesserte aber gleich darauf: »Wahrscheinlich hat er sie von Lausitz.«

»Wir sollten dieses verdammte Handy im Meer versenken.«

Silke hielt mit beiden Händen die Ruder fest. Das Boot trieb noch ein wenig weiter, schaukelte auf den Wellen.

»Willst du denn überhaupt nicht mehr in die Welt zurückkehren?«, fragte sie.

»Nein«, kam es kurz und klar.

»Aber ich! Und wenn ich mit dem Abtippen deines Romanes fertig bin, gehe ich zurück. Mindestens für zwei Wochen.« Ihre dunklen Augen funkelten vor Entschlossenheit.

Roland wandte den Blick von ihr ab und ließ ihn über das wogende Meer gleiten. Der Anblick hatte ihm stets Frieden geschenkt. Doch jetzt wollte sich die Unruhe in seinem Innern nicht legen. Die vergangene Zeit mit Silke war so wundervoll gewesen, dass er zuweilen gefürchtet hatte, er könnte aus diesem Traum aufwachen und in seinem Zimmer in der Augsburger Familienvilla erwachen. Vielleicht kam es ja noch so.

»Gefällt es dir hier nicht mehr?«, fragte er.

»Es ist wundervoll«, antwortete Silke.

»Wieso willst du dann weg?«

»Weil ich nicht an Märchen glaube. Irgendwann ist der Sommer zu Ende, es wird kalt und nebelig, Stürme kommen auf. Wo willst du dann hin? In ein Hotel in Athen?«

Roland wusste keine Antwort. Schweigend saß er da, den Blick unverwandt aufs Meer gerichtet, wo sich in der Ferne kleine Inseln abzeichneten.

Silke rückte näher zu ihm. »Nun komm schon«, sagte sie, »küss mich!« Sie nahm sein Kinn, drehte seinen Kopf und kam ihm so nah, bis er nicht mehr anders konnte, als sie anzusehen. Wenn ich sie nicht so verdammt lieben würde, dachte er, packte sie dann heftig an den Schultern und küsste sie.

Für den Moment war die Idylle gerettet. Doch sie hatte Erschütterungen abbekommen. Irgendwann, und die Zeit war nicht fern, würde ein Kuss, egal wie leidenschaftlich, nicht mehr darüber hinwegtäuschen können.

Felix ärgerte sich noch lange, weil Silke einfach das Handy ausgeschaltet hatte. Dabei gab es so vieles mit Roland zu besprechen. Sein Bruder hatte Straubinger noch immer keine Vollmacht über sein Vermögen geschickt. Außerdem wollte er mehr über den Roman erfahren. Unruhig rutschte Felix auf der Bank herum. Er konnte sich nicht entspannen. Ringsherum nur Blumen und Obstbäume, in denen Vögel zwitscherten, zur vollen Stunde das Schlagen der Kirchturmuhr und jede Menge frischer Luft. Doch er konnte keine Ruhe finden. Zu viel ging ihm im Kopf herum, die Ruhe um ihn herum machte ihn nur noch nervöser.

Wilhelm beobachtete Felix. Die Veränderungen, die mit ihm vorgingen, machten ihm große Sorgen. Der Herzanfall seines Sohnes war ein Alarmzeichen gewesen, genau wie damals für ihn die beiden Schlaganfälle. Wilhelm hatte die Lehren daraus gezogen und das Leben zu schätzen gelernt. Felix hingegen wurde immer mehr zum Getriebenen.

Unvermittelt sprang Felix auf. »Diese Grabesstille treibt mich in den Wahnsinn«, rief er aus. »Ich halt das hier nicht aus.«

Eigentlich hätte Wilhelm ihm gerne widersprochen, um ihn zu halten. Doch für dieses Mal war er erleichtert über den spontanen Entschluss seines Sohnes, denn August Meyerbeer hatte seinen Besuch angekündigt. Er war beim Zahnarzt gewesen und wollte zusammen mit Wilhelm »den vermaledeiten Zahn desinfizieren«, wie er sich ausgedrückt hatte, was nichts anderes bedeutete als ein paar Gläschen Kognak zu trinken. Felix und Meyerbeer verstanden sich nicht gut, seit Felix im Verdacht stand, zusammen mit Lausitz den Aktienkurs zu manipulieren. Schon war das Herannahen eines Wagens zu hören. »Das wird August sein«, sagte Wilhelm.

Felix nahm dies zum Anlass zu gehen. Doch wider Erwarten hielt nicht August neben seinem Porsche an, sondern Uwe Lieber. »Was machen Sie denn hier?«, fragte Felix und schloss sein Auto auf.

Uwe schlug die Wagentür heftig zu und kam mit großen Schritten auf Felix zu. Seine Miene sollte bedrohlich wirken, tat es aber nicht wirklich, denn es war darin zu viel Hilflosigkeit zu lesen. Und war nicht dieser Auftritt ein einziger Ausdruck seiner Hilflosigkeit? »Ich will mit Ihnen reden«, sagte er. »Worüber, können Sie sich ja denken.«

Das konnte Felix in der Tat. »Wenn Sie glauben, ich geh mit einer Zicke wie Natalie in Therapie, haben Sie sich geschnitten«, versetzte Felix provokant und wollte einsteigen. Doch Uwe hatte ihn schon am Kragen gepackt.

»Jetzt hören Sie mal zu«, herrschte er Felix an, »dass Natalie krank geworden ist, hat sie nur Ihnen und Ihrer eiskalten Masche zu verdanken. Und Sie werden verdammt nochmal alles tun, um ihr da herauszuhelfen, sonst …«

»Was sonst?« Felix grinste höhnisch. »Reißen Sie mir sonst die Knöpfe vom Sakko?«

Uwe sah Felix hasserfüllt an. Dieser arrogante Mistkerl! Am liebsten hätte er ihm die hochmütige Visage poliert. Aber er tat es nicht. Gewalt gehörte einfach nicht in sein Repertoire. Deshalb stieß er Felix einfach von sich. Dieser geriet dabei jedoch ins Straucheln, fiel zu Boden und stieß mit dem Kopf gegen den Kotflügel seines Wagens. Schon wollte Uwe ihm helfend beispringen, besann sich aber sogleich wieder.

»Was ist denn hier los!?«, kam es da vom Gartenzaun. Wilhelm. Er hatte den Aufruhr im Haus gehört. Nun sprang er auf Uwe zu und stieß ihn fort, obwohl der sich gerade doch dazu entschlossen hatte, Felix zu helfen.

»Tut mir Leid, Herr Althofer«, sagte er zu Wilhelm, »aber vielleicht können Sie ja Ihrem Sohn beibringen, was Anstand und Respekt ist.« Damit wandte er sich ab, stieg in seinen Wagen und fuhr davon.

»Wer war das?«, fragte Wilhelm, während er seinem Sohn aufhalf. »Und was hat er damit gemeint?«

Statt zu antworten, fasste Felix sich an den Hinterkopf. Er erschrak, als er die blutige Hand sah. Erst jetzt kam Wut in ihm auf. Schon wollte er in seinen Wagen springen, um Uwe hinterherzujagen. Doch Wilhelm hielt ihn zurück. »Komm rein«, sagte er, »ich verarzte dich.«

Die Nacht senkte sich auf Augsburg herab. Die Maschinen in den Fertigungshallen ruhten längst, sogar Lena hatte endlich den Skizzenblock weggelegt und den Laptop zugeklappt. An diesem Abend waren andere Talente gefragt. Klein-Florian wollte nicht nur versorgt, sondern auch unterhalten werden. Sie und Angela bemühten sich redlich, bei dem kleinen Mann nur ja keine Langeweile aufkommen zu lassen.

Irgendwann wurde der Junge endlich müde. Da Lena sich einfach nicht von ihm trennen konnte, entschied sie sich kurzerhand, dass er in ihrem Bett schlafen sollte. Da dort für zwei Männer kein Platz war, musste Chris eben diese eine Nacht auf der Couch verbringen. Das wurde einfach, ohne ihn zu fragen, beschlossen, denn Chris war beim Vorstellungsgespräch in Essen und würde erst spät heim kommen. Deshalb schrieb Lena ihm eine Nachricht, die sie auf den Absatz der Treppe legte.

In der Villa war bereits Ruhe eingekehrt, als ein Wagen vorfuhr. Nicht Chris, sondern Birgit. Auch sie hatte einen anstrengenden Tag hinter sich. Sie hatte gehofft, sie würde Lena noch antreffen und war nun enttäuscht, in der Villa kein Licht mehr zu sehen.

Müde stieg sie die Stufen zur Haustür hinauf. Drinnen fand sie den mit einer leeren Blumenvase beschwerten Zettel auf dem Treppenabsatz. Wenigstens etwas, dachte sie spontan. Dass Chris heute Nacht nicht an Lenas Seite schlafen würde, war eine Erleichterung für sie.

Oben öffnete sie eine Flasche Rotwein, schenkte sich ein Glas ein und setzte sich an den Küchentisch. Wie sollte das alles nur weitergehen? Sie ertrug es nicht länger, mit Chris unter einem Dach zu leben. Dabei hatte sie nichts gegen ihn persönlich, fand ihn sogar ausgesprochen sympathisch und konnte auch verstehen, was Lena an ihm gefiel. Doch wann immer sie ihn und Lena zusammen sah oder auch nur vermutete, kamen aggressive Gefühle in ihr hoch. Oft musste sie sich sehr zusammennehmen, um keine boshafte Bemerkung zu machen.

Birgit saß eine Weile da, als ein Wagen vorfuhr. Das musste Chris sein. Es dauerte nicht lange, da hörte sie seine Schritte auf der Treppe. Dann stand er in der Küchentür, hielt den Zettel hoch und fragte: »Weißt du, was das soll?«

Birgit schüttelte den Kopf. »Auch ein Schluck?«

»Wie aufmerksam«, entgegnete Chris ironisch. »Ansonsten hat man hier als männlicher Mitbewohner ja nicht viel zu melden.« Wenn Birgit geglaubt hatte, ihre negativen Gefühle Chris gegenüber wären ihm verborgen geblieben, sah sie sich nun getäuscht. Er hatte ein sehr feines Gespür für Stimmungen.

»Der Herr Starfotograf fühlt sich wohl vernachlässigt«, konterte Birgit, nicht weniger ironisch. »Wir haben eben noch was anderes zu tun, als gescheiterte Aussteiger zu umsorgen, die nichts mit ihrem Leben anzufangen wissen und allen anderen nur auf die Nerven fallen.«

Chris sah sie an. Er schien zu überlegen, was er sagen sollte, oder vielmehr, ob er das, was ihm auf der Zunge lag, aussprechen sollte. Er entschied sich dagegen, wandte sich um und lief nach unten. Langsam hatte er genug davon, von diesen karrieregeilen Frauen wie ein Dummkopf hingestellt zu werden, nur weil er im Leben noch einen anderen Sinn suchte als zu produzieren, zu verkaufen, noch mehr zu produzieren, noch mehr zu verkaufen. Er suchte ein Leben jenseits dieser Scheinwelt.

Birgit erkannte, dass sie zu weit gegangen war. Sie sprang auf und lief Chris nach. Unten in der Halle holte sie ihn ein. »Entschuldige«, sagte sie.

»Schon gut.« Das stimmte nicht. Gar nichts war gut. Er hatte Birgits Heuchelei langsam satt. Oder vielleicht war es nur Blindheit – Blindheit für die eigenen Gefühle. »Du irrst dich, wenn du glaubst, ich würde das nicht merken.«

In Birgits Innerem verkrampfte sich etwas. Wovon redete er? Stumm sah sie ihn an.

»Du lebst mit Lena, arbeitest mit Lena. Und wie du sie ständig umsorgst, wie du sie ansiehst. Glaubst du, keiner merkt es? Hältst du mich für blind? Aber du kannst beruhigt sein. Ich räume das Feld. Ich war heute in Essen und habe den Lehrauftrag angenommen. Zufrieden?« Er lief nach draußen. Wenig später hörte Birgit das Zuschlagen der Autotür, das Starten des Motors. Schon brauste er davon.

Ratlos stand Birgit da. Sie fühlte Erleichterung, aber auch Anspannung. Was hatte er gemeint? Wie sah sie Lena denn an? Nachdenklich kehrte sie nach oben zurück.

Nachdem sie ihren Wein getrunken hatte, ging sie zum Bad und kam dabei an Lenas Zimmer vorbei. Sie konnte der Versuchung nicht widerstehen, einen Blick hineinzuwerfen. Vorsichtig öffnete sie die Tür. Die Lampe auf dem Nachttisch brannte, doch Lena hatte ein transparentes Halstuch darüber gehängt, um das Licht zu dämpfen. Das ganze Zimmer war in blaues Licht getaucht.

Birgit trat ans Bett. Friedlich schlummernd lag Klein-Florian da. Neben ihm schlief Lena. Ihr Gesicht war so entspannt, wie es tagsüber selten zu sehen war. Eine Strähne ihres blonden Haares lief quer über ihr Gesicht. Birgit schluckte trocken, ihr Herz schlug heftig. Wie wunderschön Lena doch war. Sie konnte dem Drang, sie zu berühren, kaum widerstehen. Und plötzlich wusste sie, was Chris gemeint hatte. Ja, sie war blind gewesen. Ihr Verstand war blind gewesen, hatte nicht sehen wollen, was das Herz längst sah: dass sie Lena liebte.

Seelenklempner

Langsam öffnete Lena die Augen. Ihre rechte Hand suchte instinktiv die andere Seite des Bettes ab. Sie war leer. Erst jetzt war sie vollkommen wach. Sie hob den Kopf, doch statt Chris sah sie Birgit, die am Fußende des Bettes mit einem Tablett in den Händen stand. Sie war ja schon immer sehr hilfsbereit gewesen, doch zurzeit übertraf sie sich selbst und verwöhnte Lena wie eine Prinzessin. Wenn sie Birgit darauf ansprach und versicherte, das sei absolut nicht nötig, entgegnete sie nur, sie tue das aus purem Egoismus, denn wenn es Lena gut gehe, gehe es auch der Firma gut.

»Wo ist Chris?«, fragte Lena.

Diese Frage dämpfte Birgits gute Stimmung. Sie hatte ein schlechtes Gewissen.

Seit ihrem nächtlichen Streit waren sie und Chris sich aus dem Weg gegangen, so weit das bei Menschen, die unter einem Dach lebten, möglich war. Doch auch

Birgits geschäftliche Reise nach Amerika hatte nicht zu einer Entspannung geführt. Nach ihrer Rückkehr war die Situation immer mehr eskaliert. Gestern Abend war es zu einem heftigen Streit, in den sich auch Angela eingemischt hatte, gekommen.

Offenbar hatte Chris daraus Konsequenzen gezogen. Vor einer halben Stunde hatte Birgit gesehen, wie er seine Sachen ins Auto lud. Sie hatte versucht, sich ihre Erleichterung nicht anmerken zu lassen. Das war ihr aber nur schwer gelungen.

Vor seiner Abfahrt hatte Chris Lena wecken wollen, um sich von ihr zu verabschieden, doch das hatte Birgit ihm strengstens verboten. Lena brauche ihren Schlaf, hatte sie gesagt und sich vor ihn und die Schlafzimmertür geschoben.

»Er ist nach Essen gefahren«, erklärte Birgit nun und kam näher, »vor einer halben Stunde schon. Aber er lässt dir ausrichten, er sei noch für ein paar Stunden in seiner Münchner Wohnung. Du kannst ihn dort erreichen.«

Lena schob das Tablett, das Birgit vor ihr hinstellen wollte, beiseite und stand auf. Wieso hatte er sie nicht geweckt? Er konnte doch nicht einfach so verschwinden. Sie hatte plötzlich Angst, es könnte mehr sein als nur eine Abreise wegen einer neuen Arbeitsstelle. Vielleicht ging er ja für immer und es war aus zwischen ihnen.

Birgit eilte Lena, die schon fast aus dem Zimmer war, nach. »Du kannst jetzt nicht nach München«, protestierte sie. »Um zehn ist die Aufsichtsratssitzung. Vater hat ausdrücklich auf die Anwesenheit aller Mitglieder bestanden. Sogar Felix hat er eingeladen, obwohl der gar nicht zum Aufsichtsrat gehört.«

Die Badezimmertür schlug zu. Hilflos stand Birgit davor, wollte schon anklopfen, unterließ es dann und wandte sich mit einem Kopfschütteln ab. Lenas Liebe zu Chris war stärker, als sie wahrhaben wollte.

Schon früh am Morgen bereitete sich Wilhelm auf die anstehende Aufsichtsratssitzung vor. Während er die Vollständigkeit seiner Unterlagen prüfte, kam Felix, noch im Bademantel und mit einer Kaffeetasse in der Hand, ins Wohnzimmer. »Ich versteh noch immer nicht, wieso ich als popeliger Verkaufsleiter zu der Ehre komme, an der Sitzung des Aufsichtsrates teilzunehmen«, sagte er.

Mit einem Stirnrunzeln sah Wilhelm ihn an. Er hatte diesen ironisch-bissigen Ton noch nie leiden können. »Du bist kein popeliger Verkaufsleiter«, widersprach er, »sondern mein Sohn.« Damit klappte er den Ordner zu, steckte ihn in seine Aktentasche und verließ das Haus, doch nicht ohne Felix vorher zu ermahnen, nur ja um Punkt zehn Uhr dreißig in der Firma zu sein.

Nachdenklich trank Felix den Rest Kaffee aus. Unter seinem nur locker zugebundenen Bademantel kamen die Kontaktpflaster seines Vierundzwanzig-Stunden-EKGs zum Vorschein, mit dem seine Herztätigkeit überwacht wurde. Er hatte darauf gedrängt, denn er hatte den Verdacht, dass man ihn wegen der makellosen Befunde, die alle ärztlichen Untersuchungen ergeben hatten, für einen eingebildeten Kranken hielt. Doch im Moment beschäftigten ihn andere Dinge. Die kurzfristige Einladung zur Aufsichtsratssitzung hatte ihn mehr als überrascht. Bisher hatte sich die Unternehmensleitung ihm gegenüber doch in allen wichtigen Belangen in tiefes Schweigen gehüllt, weshalb er gezwungen war, sich seine Informationen auf anderem Wege zu beschaffen. So hatte er etwa Sitzungsprotokolle aus Marion Stangls Aktenschrank kopiert. Zu verdanken hatte er die Einladung seinem Vater. Von Anfang an hatte er sich dafür stark gemacht, seinen Sohn zumindest in beratender Funktion in die Leitung der Firma einzubinden, auch wenn Felix keine Anteile mehr besaß. Doch da alle anderen bisher nicht auf Wilhelms Vorschlag eingegangen waren, hatte Felix sich keine großen Chancen ausgemalt, einmal wirklich an einer Sitzung teilnehmen zu dürfen. Nun, da das Unerwartete eingetroffen war, konnte es ihm nur recht sein, vor allem da der Zeitpunkt mehr als günstig war. Die ersten Quartalszahlen standen ins Haus und wenn er die Ergebnisse vorab erfuhr, würde sich daraus kräftig Profit schlagen lassen. Er hörte die Kasse schon klingeln.

Kaum war Wilhelm aus dem Haus, wählte Felix Dr. Lausitz' Nummer, um ihm die frohe Botschaft zu überbringen. Der Investmentbanker befand sich gerade, wie er mitteilte, auf dem Weg nach Zürich. Als Felix ihm die Neuigkeit berichtete, musste Lausitz vor Erstaunen und freudiger Erregung den Wagen anhalten. Das war wie ein Haupttreffer im Lotto.

»Sie lassen also besser Ihr Handy an«, schärfte Felix ihm ein, was allerdings völlig unnötig war. »Sobald ich erste Zahlen habe, melde ich mich.«

Damit war das Gespräch beendet. Felix ging nach oben, um sich anzuziehen. Eile war nicht nötig, denn bis zum Sitzungsbeginn war noch Zeit.

Ein Irrtum, wie Wilhelm erfahren musste, als er das Vorzimmer in der Chefetage betrat. Marion Stangl war schon ungeduldig, fragte, wo er denn bliebe, er werde dringend in Dr. Holzknechts Büro erwartet. Die Sitzung sei schließlich für zehn Uhr angesetzt.

Irritiert trat Wilhelm ein. Er fand August Meyerbeer und Wilfried Holzknecht in Papiere vertieft. August schüttelte immer wieder ungläubig den Kopf, bis er Wilhelm schließlich entgegenkam, um ihn per Handschlag zu begrüßen. »Weißt du, was dieser Wahnsinnige gemacht hat?«, sagte er dann, noch immer fassungslos, und wies mit der ausgestreckten Hand auf den kaufmännischen Leiter. »Er hat in seinem ersten Quartal in der Firma zwölf Prozent Gewinn gemacht.«

»Na, na, August«, wehrte Holzknecht, äußerlich bescheiden, innerlich aber voller Stolz ab, »jetzt lass mal die Kirche im Dorf. Erstens bin ich noch gar nicht so lange hier und zweitens verdanken wir den Gewinn hauptsächlich deiner tüchtigen Tochter.«

»Die ist doch nie da«, versetzte August.

»Eben. Ihr Trip in die USA hat sich gelohnt. Wir sind in einigen Katalogen und Kaufhäusern vertreten.«

Meyerbeer wandte sich ab. Geschäftlich gesehen verband er mit Amerika schmerzliche Erfahrungen. Schon mit seiner Brauerei hatte er versucht, dorthin zu expandieren, hatte es sogar zur Chefsache gemacht und eine Ochsentour zwischen Chicago und Dallas auf sich genommen. Gedemütigt war er zurückgekehrt.

In der Zwischenzeit hatte Wilhelm sich die Zahlen angesehen. Im ersten Quartal nach Gründung der Aktiengesellschaft war ein unglaublicher Gewinn von einem Euro und vierundachtzig Cent pro Aktie erwirtschaftet worden. Nachdem auch er die ausgezeichnete Arbeit der Geschäftsführung gewürdigt hatte, fragte August, ob Felix auch sicher kommen würde.

Wilhelm wurde hellhörig. August schien Felix' Anwesenheit plötzlich sehr wichtig zu sein. Dabei hatte er sich lange Zeit am entschiedensten dagegen gewehrt, Felix stärker in die Firma einzubinden. Schlagartig wurde Wilhelm klar, dass Felix absichtlich einen späteren Termin für die Sitzung bekommen hatte. »Was hat das alles zu bedeuten?«, wollte er wissen.

August verwies ihn an Dr. Holzknecht. »Sonst bin ich wieder der Buhmann«, meinte er nur.

»Wir wollen Gewissheit haben, ob Felix' Fonds versucht, sich mit Insider-Informationen eine goldene Nase zu verdienen«, sagte Wilfried Holzknecht sachlich. »Niemand außer uns kennt die Zahlen, nicht einmal Frau Stangl, denn wir haben den Bericht ausnahmsweise selbst getippt. Wenn wir die Ergebnisse nachher im Beisein von Felix besprechen und der Kurs noch vor der morgigen Veröffentlichung signifikant ansteigt, wissen wir, dass jemand rasch ein paar Millionen investiert hat – und auch wer.«

Wilhelm gefiel dieses Vorhaben überhaupt nicht. Behandelte man Felix nicht wie einen Wirtschaftskriminellen, den es in eine Falle zu locken und zu überführen galt? Wieso wurde nicht einmal versucht, den Verdacht auf weniger hinterlistige Weise auszuräumen? Und was geschah, wenn er sich als berechtigt herausstellte? Wollten August und Dr. Holzknecht Felix etwa ins Gefängnis bringen? Er war immerhin sein Sohn!

»Wenn man vom Teufel spricht«, sagte August da. Er stand am Fenster und schaute, die Hände in den Hosentaschen, auf den Hof hinunter, wo Felix eben in seinem Porsche vorfuhr. Wilhelm stellte sich neben August und sah auch auf den Hof hinunter. Felix, Felix, dachte er, in was hast du dich da nur reingeritten?

Ahnungslos stieg Felix aus seinem Wagen, nicht ganz so schwungvoll wie sonst, denn das EKG-Gerät, das an seinem Gürtel angebracht war, behinderte ihn. Sein Sakko verdeckte es nur notdürftig. Wilhelm und August sahen, wie er statt in die Verwaltung zur *Fashion Factory* ging. Beide wunderten sich.

Nicht nur Uwes Auftritt vor dem Haus seines Vaters, sondern vor allem Lenas Worte in der Boutique hatten Felix nachdenklich gemacht. Vielleicht hatten sie gar nicht so Unrecht. Es stimmte schon, Natalies seelische Erkrankung hatte ihre Ursachen in ihrer gemeinsamen Zeit, genauso wie seine Herzprobleme. Und vielleicht ließ sich ja beides wirklich zusammen lösen. Natalie würde dabei bestimmt klar werden, dass ein Loser wie dieser Uwe Lieber nicht der Richtige für sie war. Sosehr er sich bemühte, er kam von Natalie einfach nicht los und träumte insgeheim von einem Neuanfang und einer gemeinsamen Zukunft.

Uwe arbeitete gerade konzentriert an seinem Computer und bemerkte Felix deshalb nicht sofort. Dann aber erschrak er, zuckte sofort zurück und ging in Abwehrstellung.

»Keine Angst«, lachte Felix, »ich tu Ihnen nichts. Ist nicht mein Stil.«

»Und was wollen Sie dann?«, fragte Uwe misstrauisch.

»Ihnen sagen, dass weitere Attacken überflüssig sind. Ich habe meine Meinung geändert. Nur weil Natalie auf jemand wie Sie hereingefallen ist, soll Ihre Therapie nicht scheitern. Ich werde sie also zu ihrem Seelenklempner begleiten. Wann ist denn die nächste Sitzung?«

Sprachlos saß Uwe da. Damit hatte er nicht gerechnet. Er fragte sich, was Felix' Sinneswandel ausgelöst hatte. Oder führte er irgendwas im Schilde? Schließlich fand er die Sprache wieder. »Heute Nachmittag um vierzehn Uhr geht Natalie wieder zu Dr. Dornberg«, sagte er.

»Das lässt sich einrichten.« Er wollte schon gehen, wandte sich aber noch einmal um. »Noch was: Sagen Sie Natalie besser nichts davon.«

»Wieso?«, fragte Uwe. »Sie wird sich bestimmt freuen.«

Felix setzte ein überlegenes Lächeln auf. »Da sieht man mal wieder, wie wenig Sie diese Frau kennen.«

Mehr sagte er nicht, sondern machte sich auf den Weg in Birgits Büro. Da er schon einmal hier war, wollte er einen Blick in das Orderbuch werfen, um zu sehen, wie das Geschäft so lief. Seit seinem ersten Herzanfall war er ja nicht mehr in der Firma gewesen. Und vielleicht lagen zufällig auch ein paar andere vertrauliche Unterlagen herum.

Er blieb zuerst an der Tür stehen und sah sich um. An den Wänden hingen Modeaufnahmen Lenas, zumeist alte Anzeigen der *Fashion Factory*. Birgit sollte einen Lena-Czerni-Fanclub aufmachen, dachte Felix. Dann ging er zum Schreibtisch und schlug das Orderbuch auf. Doch ehe er sich darin vertiefen konnte, fiel sein Blick auf ein dick umrandetes Stellengesuch in einer überregionalen Tageszeitung, die ebenfalls auf dem Schreibtisch lag. »Verkaufsleiter Textilbranche sucht ab Herbst neues Aufgabengebiet in Süddeutschland«, stand dort.

Sieh mal einer an, dachte Felix. Offenbar hatte Birgit ihn schon abgeschrieben und suchte Ersatz. »Die liebe Birgit ist mal wieder sehr eifrig«, murmelte er lächelnd. Der Fund bestätigte ihn in seiner Einstellung, nur auf seinen eigenen Vorteil zu achten, auch wenn das auf Kosten der Firma ging. Schließlich nahm auf ihn auch keiner Rücksicht. Er faltete die Zeitung zusammen, steckte sie ein und verließ das Büro.

Als Felix wenig später ins Vorzimmer der Geschäftsführung kam, telefonierte eine reichlich aufgebrachte Marion Stangl gerade mit Waltraud. Die Assistentin hatte ihr eben mitgeteilt, Lena Czerni habe unerwartet nach München fahren müssen und komme erst eine Stunde später zur Sitzung. Heftig ließ die Sekretärin den Hörer auf die Gabel knallen. »Lena Czerni glaubt wohl, sie ist etwas Besonderes«, sagte sie zu sich selbst.

Felix wollte schon in Dr. Holzknechts Büro treten, aus dem er Stimmen gehört hatte, doch Marion eilte hinter dem Schreibtisch hervor und verwehrte ihm den Zugang. Dafür ging sie selbst kurz hinein, um von Lena Czernis Verspätung zu berichten.

Felix ging auf und ab. Es dauerte keine zwei Minuten, bis Birgit kam. Sie war außer Atem. Felix empfing sie mit einem breiten Grinsen, das sie sogleich misstrauisch machte. Sie fragte nach seinem Befinden. »Gut, gut«, lächelte er. Birgit wollte schon in Dr. Holzknechts Büro gehen, da hielt Felix sie am Arm fest. »Was hat das hier zu bedeuten?«, fragte er und zog die Zeitung hervor.

»Schnüffelst du in meinem Büro herum?«, entgegnete Birgit.

»Ich wollte nur einen Blick ins Orderbuch werfen.«

Birgit tat abweisend. »Wenn die Fertigung nicht mit Aufträgen von Lena ausgelastet wäre, würden wir im Stoffsektor minus machen«, sagte sie. »Sonst noch Fragen?«

Felix' Lächeln verhärtete sich, wurde vollends zur Maske. Diese Frau geht über Leichen, dachte er, während Birgit in Holzknechts Büro verschwand.

»Machen Sie sich nichts draus«, tröstete Marion. »Dr. Holzknecht hat Sie auf der Messe in Düsseldorf vertreten. Er mag ein guter kaufmännischer Leiter sein, aber Stoffe an den Mann zu bringen, gehört definitiv nicht zu seinen Talenten. Wann kommen Sie denn wieder?«

»Wenn endlich feststeht, was mir fehlt.«

Felix sah auf die Uhr. Es war schon nach halb elf. Wieso hatte man ihn zu der Sitzung gebeten, wenn man ihn jetzt vor verschlossener Tür warten ließ? Er fühlte sich verschaukelt und wollte schon wieder gehen, als die Tür endlich aufging und Wilhelm ihn hereinbat.

Mit Vollgas war Lena nach München gerast. Sie konnte Chris nicht einfach so fortgehen lassen. Er war wichtiger für sie als jede Aufsichtsratssitzung der Welt. Sie hatte den Streit zwischen ihm, Birgit und Angela vom Vorabend nicht mitbekommen, weil sie mit Wilhelm in der Stadt essen gewesen war. Chris hatte darüber auch nicht viele Worte verloren, doch sie hatte seiner schlechten Laune angemerkt, dass er die Nase gestrichen voll hatte von der Wohngemeinschaft und dass er schon längst gegangen wäre, wenn es nicht genau das gewesen wäre, was Birgit und Angela erreichen wollten. Jetzt schien ihm auch das egal zu sein.

Als Lena vor dem Haus, in dem sich sein Fotostudio befand, anhielt, lud er gerade seinen Kamerakoffer ins Auto. Sie sprang aus ihrem Wagen und lief zu ihm. Er war erstaunt, sie zu sehen, auch über den besorgten Ausdruck in ihren Augen. »Ich fahr nur nach Essen und bin Montag wieder zurück.« Er hatte nicht den Mut, Lena die Wahrheit zu sagen.

Sie seufzte. »Es stimmt ja«, gab sie zögernd zu, »ich komme irgendwie nicht klar damit, wie du seit deiner Rückkehr bist ... so ziellos und ohne Ehrgeiz. Aber das ist doch jetzt mit deiner Stelle in Essen vorbei, oder?«

Chris wollte das nicht auf der Straße besprechen und bat sie deshalb, mit in sein Studio zu kommen. Sie hatte Recht, die Dozentur in Essen veränderte einige Dinge in seinem Leben. Aber wenn sie glaubte, dass er wieder ganz der Alte würde, irrte sie dennoch.

Die Wohnung sah aus, als hätte eine Bombe eingeschlagen. Natalie hatte vor Uwes chaotischem Wesen kapituliert. Zum Glück hatten die beiden inzwischen eine eigene Wohnung gefunden, sodass sie Ende des Monats auszogen.

»Wenn ich endlich wieder in meiner eigenen Wohnung bin«, erklärte Chris, »störe ich euch nicht länger. Drei Tage die Woche bin ich sowieso in Essen.«

Lena blickte nachdenklich zu Boden. Er schien an alles gedacht zu haben. Aber wieso sprach er nicht von ihr? Von ihnen beiden? »Und wie passe ich in deinen Plan?«, fragte sie. »Am Wochenende?«

Chris hatte die Frage kommen sehen. Er wusste keine Antwort. »Wenn du ehrlich bist, ist es dir doch recht«, sagte er und Lena konnte ihm nicht widersprechen. Die ständigen Anfeindungen zwischen ihm, Birgit und Angela waren ihr in der letzten Zeit tatsächlich zunehmend auf die Nerven gegangen. Trotzdem schmerzte sie diese Veränderung, denn sie fürchtete, dies könne der Anfang vom Ende sein.

»Was passiert mit uns?«, fragte sie bang und sah sich um. Sie waren hier so glücklich, wenn es auch nie einfach zwischen ihnen gewesen war. Wann hatten sie schon einmal Zeit gehabt, sich richtig kennen zu lernen? Dennoch hatte sie das Gefühl gehabt – und sie hatte es noch immer –, Chris sei der richtige Mann für sie, derjenige, mit dem sie alt werden wollte. Leider hatte man es oft nicht in der Hand, das Leben hatte seine eigenen Gesetze.

»Das Kind«, sagte Chris plötzlich.

Lena zuckte zusammen. Sie hatten bisher einen großen Bogen um dieses Thema gemacht, wie um vermintes Gelände. Und vielleicht kam die Entfremdung zwischen ihnen ja gar nicht von seiner Veränderung und den Zwistigkeiten in der WG, sondern von diesem Schweigen.

»Ich habe das Gefühl, du wirfst mir unbewusst vor, dass ich dich im Stich gelassen hab«, sagte Chris. »Vielleicht glaubt etwas in dir sogar, dass darin der Grund für das frühe Ende der Schwangerschaft liegt.«

»Das ist doch Unsinn«, protestierte Lena. »Es war eine Eileiterschwangerschaft und ...«

»Dein Kopf weiß das«, unterbrach Chris rasch, »aber dein Herz fühlt vielleicht etwas anderes. Und so wie es in der Villa zugeht, ganz abgesehen von deiner Arbeit, deiner ständigen Anspannung ... Wann wäre da jemals Zeit, dass eine solche Wunde heilen könnte?«

Lena nickte. Er hatte Recht. Sie war über diesen Verlust noch immer nicht hinweg. Wann immer sie daran dachte, war es, als sei es eben erst passiert. Auch jetzt bohrte sich der Schmerz in ihr Herz. Sie fühlte sich so machtlos dagegen und dieses Gefühl der Ohnmacht war für sie, die Macherin, eine beängstigende Erfahrung.

Chris wischte ihre Tränen ab und küsste sie sanft auf den Mund. »Ich liebe dich«, sagte er, »und ich werde dich immer lieben. Aber deshalb müssen wir uns ja nicht ständig auf der Pelle sitzen. Anruf genügt und ich bin da. Okay?«

»Okay«, entgegnete Lena erleichtert.

Es war also nicht aus zwischen ihnen. Sie schöpfte neue Hoffnung. Vielleicht konnte ja jetzt alles wieder so werden wie früher.

Chris ließ sie los und ging nach nebenan, um eine Tasche zu holen, die er vorhin gepackt hatte. Lena holte ihr Handy heraus, drückte die Adressenliste und wählte eine eingespeicherte Nummer an. Sekunden später klingelte Chris' Handy. »Ja?«, meldete er sich.

»Hallo, Chris, ich bin's«, sagte sie. »Ich brauch dich!«

Lächelnd kehrte er aus dem Schlafzimmer zurück. Lena kam ihm auf halbem Weg entgegen und fiel ihm in die Arme. Sie küssten sich innig. Und für den Moment war Lenas Angst besiegt. Wenn wir nur fest daran glauben, dachte sie, dann haben wir auch eine gemeinsame Zukunft.

Leider war für kaum mehr als ein paar Zärtlichkeiten Zeit. Chris musste nach Essen und Lena durfte den Aufsichtsrat nicht noch länger warten lassen. Sie begleitete ihn nach unten, wo er seine Sachen in den Kofferraum legte. Nach einer letzten Umarmung und einem letzten leidenschaftlichen Kuss stieg Chris ein und fuhr los. Lena winkte ihm nach, bis er in einer Nebenstraße verschwunden war.

Nun wurde sie unruhig. Sie wusste, dass man ihre Verspätung bei der Sitzung, noch dazu aus privaten Gründen, als unprofessionell auslegen würde. Aber sie war nun einmal keine Maschine.

So schnell es ging, kehrte sie nach Augsburg zurück. Völlig abgehetzt kam sie ins Vorzimmer. Marion Stangl sah sie vorwurfsvoll über den Rand ihrer Lesebrille hinweg an, konnte jedoch nichts sagen, denn sie telefonierte gerade. Ein Dr. Müller aus Zürich verlangte dringend Felix Althofer zu sprechen. Da mit Lenas Erscheinen die Sitzung ohnehin unterbrochen werden musste, glaubte Marion, Felix für einen Moment herausholen zu können.

Felix nahm den Hörer entgegen. Zu seiner Überraschung meldete sich Dr. Lausitz und teilte mit, er habe sein Handy verloren, weshalb Felix ihn nach Ende der Sitzung und unbedingt vor Börsenschluss in seinem Hotel anrufen sollte. Felix notierte die Nummer auf Marions Notizblock, riss das Blatt ab und steckte es ein.

Als er wieder zurück in Holzknechts Büro kam, regte sich August Meyerbeer immer noch über Lenas Verspätung auf. »Wie der Herr, so's G'scherr«, zitierte er eine Redensart. Wilhelm und Dr. Holzknecht nahmen Lena in Schutz. Da sie selbst Meyerbeer Recht geben musste, ertrug sie die Vorwürfe, ohne sich groß zu verteidigen, und war froh, als endlich wieder zu den geschäftlichen Dingen übergegangen wurde.

Wilfried Holzknecht setzte Lena über die bisherigen Ergebnisse der Besprechung ins Bild: Die Pläne zur Aufstockung des Betriebes waren diskutiert und bewilligt worden, nur bei der Anzahl der zu schaffenden Stellen und der Finanzierung gab es noch Differenzen, wenn auch keine, die unüberwindlich waren.

Mit dem heikelsten Tagesordnungspunkt hatte man absichtlich auf Lena gewartet. Es ging um die Verlegung der Modeproduktion nach Augsburg. Die Fronten waren weitgehend klar: Lena, August Meyerbeer und Birgit waren dafür, Wilfried Holzknecht stellte sich mit Blick auf die hohen Anschubkosten dagegen, Wilhelm zeigte sich unentschlossen. Für Lena waren die Argumente des kaufmännischen Leiters nicht neu, wiederholt hatte sie diese bis spät in die Nacht mit ihm diskutiert. In ihren Augen brachte die räumliche Nähe den entscheidenden Vorteil, effizientere Qualitätskontrollen durchführen zu können und flexibler zu sein.

Felix hörte die ganze Zeit über mit mäßigem Interesse zu. Erst als man endlich zur Präsentation des ersten Quartalsberichtes überging, spitzte er wieder die Ohren. Dr. Holzknecht verteilte die Kopien unter den Anwesenden. Hastig überflog Felix die Zahlenkolonnen, schenkte den Diagrammen kaum einen Blick, sondern achtete nur auf die hervorgehobenen Stellen, die das Fazit zogen.

Ungläubig blickte er auf. »Ein Euro vierundachtzig Cent pro Aktie?«, fragte er.

»Bitte posaunen Sie das nicht gleich in alle Welt hinaus«, ermahnte ihn August Meyerbeer, der die ganze Zeit schon mit detektivischem Spürsinn jede auch noch so kleine Regung an Felix beobachtete.

Lena war kaum weniger überrascht als Felix. Was die Geschäftsdaten und ihre Bedeutung anging, war sie zwar nicht so beschlagen wie die meisten anderen im Raum, aber dass dieses Ergebnis eine enorme Leistung war, wusste auch sie. Ihre Freude darüber wurde nur dadurch gedämpft, dass man sie in Zukunft an diesem Ergebnis messen würde.

Birgits Stolz war von solchen Ängsten ungetrübt. Sie wusste, wem dieser Erfolg in erster Linie zu verdanken war: Lenas Kreativität und ihrem eigenen Verhandlungsgeschick. Vor allem der geglückte Einstieg in Amerika hatte den enormen Zuwachs gebracht. Sie konnte sich nicht länger zurückhalten und umarmte und küsste Lena. »Gratuliere!«, rief sie. Ihre großen dunklen Augen funkelten, ihre Wangen waren vor freudiger Erregung gerötet.

Lena gab das Kompliment zurück.

Inzwischen hatte August Meyerbeer Marion Stangl um den bereitgestellten Champagner und Gläser gebeten. Sie brachte das Gewünschte umgehend. Meyerbeer ließ es sich nicht nehmen, die Flasche selbst zu entkorken. Dann wurde auf den Erfolg angestoßen. Sogar Felix, dem der Arzt Alkohol streng verboten hatte, genehmigte sich zur Feier des Tages einen Schluck.

Nachdem die erste Begeisterung etwas abgeflaut war, ergriff Felix das Wort. »Ich habe auch etwas beizutragen. Leider ist es nicht so erfreulich wie die Quartalsbilanz. Es geht um meinen lieben Bruder Roland. Er macht nicht nur Urlaub. Er arbeitet an einem Roman.«

Birgit lachte auf, sie konnte nicht glauben, dass ihr Exmann Talent zum Schreiben hatte. Lena verstand nicht, wieso Felix diese Sache hier ausführlich erzählen wollte und versuchte, ihn abzuhalten. Doch er beharrte darauf, alles zu berichten.

»Es soll ein Schlüsselroman über die Firma werden. Dabei bekommen wir wohl so ziemlich alle unser Fett weg. Keine besonders gute Publicity, so viel lässt sich schon jetzt sagen.«

»Woher hast du das?«, wollte Wilhelm erstaunt wissen. Er hatte geglaubt, niemand wisse, wo Roland sich genau aufhalte und wie man mit ihm Kontakt aufnehmen könnte.

August Meyerbeer und Wilfried Holzknecht begriffen sogleich, welche Bedrohung für den Ruf der Firma ein solcher Roman bedeuten könnte und ließen auch

Lenas beschwichtigenden Einwand, Roland werde sich nur alles Belastende von der Seele geschrieben haben, nicht gelten. »Man muss mit ihm reden«, fand Dr. Holzknecht.

»Er geht nur leider nicht selbst ans Telefon.« Es bereitete Felix eine diebische Freude, die eben noch so gute Stimmung durch seine Bemerkung getrübt zu haben.

Daraufhin wurde die Sitzung für beendet erklärt. Während die anderen das Büro verließen, hielt Wilfried Holzknecht Lena zurück. Er wollte mit ihr noch etwas besprechen.

Kaum waren die anderen draußen, ließ Lena sich erleichtert auf einen Stuhl fallen. Obwohl es bei diesen Meetings nicht mehr so emotional zuging wie früher, als die Firma noch ganz in der Hand der Familie Althofer gewesen war, konnte sie diesen Besprechungen immer noch nichts abgewinnen. Sie fühlte sich dabei in einem ständigen Rechtfertigungszwang.

Ehe Holzknecht beginnen konnte, kam Marion Stangl herein, um die Gläser wegzuräumen, wie man hätte meinen können, doch eigentlich, um etwas loszuwerden. »Sie erinnern sich bestimmt, dass Felix Althofer vorhin einen Anruf bekommen hat«, sagte sie, »angeblich von einem Dr. Müller aus Zürich.« Sie hielt Dr. Holzknecht einen Zettel hin. Er stammte von ihrem Notizblock.

Die Telefonnummer, die Felix aufgeschrieben hatte, hatte sich auf das folgende Blatt durchgedrückt, sodass Marion das Geschriebene durch einen Trick, den sie aus zahlreichen Kriminalromanen kannte, hatte sichtbar machen können: Sie hatte die Fläche mit sanftem

Bleistiftstrich übermalt, die durchgedrückten Stellen waren ausgespart geblieben und so leserlich geworden. Natürlich hatte sie die Telefonnummer sofort überprüft.

»Das ist die Nummer des *Hotels am See* in Zürich«, sagte sie nun, stolz auf ihre detektivische Arbeit, »und raten Sie mal, wer dort wohnt! Dr. Lausitz.«

Wilfried Holzknecht wirkte kaum überrascht. Er dankte nur für den Eifer und bat die Sekretärin, die Gläser abzuräumen.

Als die Tür hinter ihr zugegangen war, fragte er Lena, ob sie mit ihm in die Kantine gehen wolle. Was er ihr zu sagen hatte, war nicht für Marion Stangls neugierige Ohren bestimmt. So verließen die beiden das Büro.

Auf dem Weg erklärte Holzknecht, dass er und August Meyerbeer Felix nur deshalb zur Aufsichtsratssitzung hinzugebeten hätten, um ihm eine Falle zu stellen. Wenn die Kurse der *ACF*-Aktie heute gegen Börsenschluss noch einmal kräftig anstiegen, habe man einen Beweis für das, was bisher nur ein Verdacht war. Felix spekuliere sehr wahrscheinlich mit Insiderinformationen am Aktienmarkt, zusammen mit Dr. Lausitz, wie sich ebenfalls immer mehr erhärtete.

»Und was passiert, wenn sich der Verdacht bestätigt?«, fragte Lena bang. Obwohl ihr Verhältnis zu Felix sich in letzter Zeit verschlechtert hatte, wollte sie ihn aber trotzdem nicht auf der Anklagebank eines Gerichts oder gar im Gefängnis sehen.

Wilfried Holzknecht wusste keine Antwort auf ihre Frage. So weit waren die Überlegungen der Geschäftsführung noch nicht gediehen.

In diesem Moment kreuzte Natalie auf ihrem Fahrrad den Weg der beiden. Sie hielt an und teilte Lena freudig mit, dass sie und Uwe nächsten Monat in eine eigene Wohnung ziehen würden. »Weiß ich schon«, entgegnete Lena, »Chris hat es mir erzählt.«

Für mehr hatte Natalie nicht Zeit, denn sie musste zu Dr. Dornberg und war eigentlich schon ein wenig zu spät. Sie verabschiedete sich von Lena, wünschte auch Wilfried Holzknecht einen schönen Tag und radelte davon. Doch ihre Gedanken blieben noch eine Weile bei den beiden. Wenn sie es nicht für ganz unmöglich gehalten hätte, so hätte sie gesagt, Dr. Holzknechts Interessen an Lena gingen über das rein Berufliche hinaus. So wie er sie anschaute. Lena und Wilfried Holzknecht – sie schüttelte sich bei dem Gedanken.

Es gelang Natalie nicht mehr, ihre Verspätung aufzuholen. Als sie in der Praxis von Dr. Dornberg eintraf, war sie fast zehn Minuten über den vereinbarten Termin. Sie entschuldigte sich, doch der Therapeut meinte nur lächelnd: »Das macht gar nichts. So hatte ich wenigstens etwas Zeit, mich mit Ihrem früheren Lebensgefährten zu unterhalten.«

Natalie glaubte, nicht richtig gehört zu haben. Früherer Lebensgefährte? Dr. Dornberg sprach doch nicht etwa von Felix? Noch ehe sie nachfragen konnte, war der Therapeut schon auf die nur angelehnte Tür zum Sprechzimmer zugegangen und hatte sie ganz aufgemacht. Natalie erschrak. In einem der bequemen Ledersessel saß Felix und grinste sie an.

»So kommen Sie doch«, forderte Dr. Dornberg sie auf, da sie nicht weitergehen wollte.

Natalie spürte ihr Herz rasen. Da Felix schon seit längerem nicht mehr in der Firma gewesen war, war sie ihm auch schon lange nicht mehr begegnet, hatte ihn nicht einmal von weitem gesehen. Sie hätte nicht gedacht, dass ein Wiedersehen einen derartigen Tumult in ihr auslösen würde. Schließlich nahm sie ihren ganzen Mut zusammen und ging ins Zimmer.

»Ich hoffe, es ist Ihnen recht, dass Herr Althofer nun doch an einigen unserer Sitzungen teilnimmt?«, sagte Dr. Dornberg, während er die Tür hinter Natalie schloss.

»Schon. Es kommt nur sehr überraschend. Sie können ihn ja gleich mal fragen, woher dieser plötzliche Sinneswandel kommt.«

Natalie hatte ihm noch nicht offen ins Gesicht gesehen. Auch jetzt hatte sie sich zu ihrem Therapeuten umgewandt.

»Ich hatte kaum eine andere Wahl«, sagte Felix im Plauderton, »nachdem dein Freund bei mir erschienen und handgreiflich geworden ist.«

Überrascht fuhr Natalie herum und sah Felix an. War das nur wieder eine seiner üblichen Lügengeschichten? Oder sollte Uwe sich tatsächlich für sie geschlagen haben, und das, obwohl er der friedfertigste Mensch auf der ganzen Welt war? Allein der Gedanke daran versetzte sie in einen Zustand der Rührung.

»Er ist doch noch dein Freund?«, fügte Felix spitz hinzu. »Oder hast du dich in letzter Zeit erneut verändert?«

»Sehen Sie das?«, fragte Natalie, an Dr. Dornberg gewandt. »So macht er es immer. Statt sich mit einer Sache auseinander zu setzen, will er alles mit einer lockeren Bemerkung erledigen. Er hält das wohl für cool und männlich.« Ihre Augen blitzten Felix kurz und böse an, als sie im Sessel ihm gegenüber Platz nahm.

»Mein Gott«, stieß Felix aus und ließ die Hände auf die ledernen Armlehnen seines Sessels fallen, »man wird doch noch einen Scherz machen dürfen.«

»Womit wir bei seiner fehlenden Sensibilität wären«, fuhr Natalie fort. »Er merkt gar nicht, wie weh er einem anderen ständig tut. Das, was er Scherze nennt, sind in Wirklichkeit Nadelstiche ... mitten ins Herz.«

»Seit wann bist du so humorlos?«, versetzte Felix. »So war das doch nicht gemeint.«

Es traf Felix mehr, als er sich anmerken ließ, dass Natalie ihn für einen im besten Falle unsensiblen, im schlimmeren Falle sogar rücksichtslosen Menschen hielt. Hatte sie etwa völlig vergessen, wie er um sie gekämpft hatte? Wie er sich zu ihr bekannt hatte, trotz der Ablehnung seiner Familie? Obwohl er sich allerdings aus deren Zustimmung noch nie viel gemacht und er sie immer gern provoziert hatte.

»Ich bin gekommen, um dir zu helfen«, versicherte er nun, doch Natalie sah ihn demonstrativ nicht an. Da wandte Felix sich an den Therapeuten. »Jetzt sagen Sie doch auch etwas«, forderte er ihn auf.

Dr. Dornberg, der, zwischen den beiden sitzend, bisher schweigend zugehört hatte, hob abwehrend die Hände. »Ich bin kein Eheberater, Herr Althofer«, sagte er. »Sind Ihnen die Gründe, weshalb Frau Sailer die Beziehung zu Ihnen abgebrochen hat, etwa nicht bekannt?«

Felix sah Natalie, die mit verschränkten Armen und übereinander geschlagenen Beinen dasaß, eine Weile an. Ihre Kälte erschreckte ihn. Das in seine Richtung weisende spitze Knie kam ihm wie eine Waffe vor. »Ehrlich gesagt, weiß ich es nicht«, bekannte er schließlich mit einem Schulterzucken. »Ich war beruflich viel unterwegs. Wir hatten eine Art Abkommen, das uns gegenseitig gewisse Freiheiten einräumte.«

»Stimmt«, gab Natalie zu und sah ihn plötzlich an, wie eine angriffslustige Tigerin. »Aber von wem kam denn die Idee? Von dir! Ich hab nur zugestimmt, um dich nicht zu verlieren. Dass ich jedes Mal gelitten habe wie ein Hund, wenn ich das Parfüm einer anderen an dir gerochen habe, hat dich wenig interessiert.«

Woher soll ich das wissen, wenn du es in dich hineinfrisst?, dachte Felix, sprach es aber nicht aus, weil er nicht länger auf dieser Sache herumreiten wollte. Denn wie man es auch drehte, es fiel dadurch kein günstiges Licht auf ihn. Deshalb wandte er sich an Dr. Dornberg und erklärte: »Ich habe diese Frau mehr als einmal darum gebeten, mich zu heiraten. Sie hat jedes Mal abgelehnt.«

»Warum wohl?«, stieß Natalie aus.

»Warum?«, fragte Felix. Er verstand es wirklich nicht.

Natalie antwortete nicht, sondern wandte sich an den Therapeuten. »Ich möchte lieber ohne ihn weitermachen«, meinte sie.

»Ich kann Sie zu nichts zwingen«, entgegnete Dornberg, dem der bisherige Verlauf des Gespräches allerdings schon eine Vielzahl an Einsichten gebracht hatte.

Felix blickte auf. Mit einer solchen Wendung hatte er nicht gerechnet. Er war auf der Suche nach den seelischen Gründen für seine Herzprobleme. Deshalb war er hier. Aber davon war ja noch gar nicht die Rede gewesen. »Natalie, bitte!«, flehte er sie an. »Seit du weg bist, läuft mein Leben völlig aus dem Ruder. Da, schau dir das an!« Er sprang auf, öffnete den obersten Knopf seines Hemdes, sodass die Pflaster zu sehen waren, zeigte auch das EKG-Gerät an seinem Gürtel. »Mein Herz spielt verrückt, ich schlafe kaum noch und bin sogar zu meinem Vater gezogen, nur um nicht allein zu sein. Ich flehe dich an: Komm zurück! Lass uns vergessen, was war, und neu anfangen!«

Sprachlos saß Natalie da, irgendwie gerührt, denn seine Verzweiflung wirkte echt. Selten hatte er sie so tief in sein Inneres blicken lassen. Hättest du das doch früher getan, Felix, dachte sie, dann hätten wir vielleicht eine Chance gehabt. Doch jetzt war es zu spät. Und war er nicht nur deshalb so offen, weil er Angst um sich selbst hatte? Das minderte für Natalie den Wert seiner Ehrlichkeit. Er dachte doch bestimmt wieder nur an sich selbst. »Hör auf, Felix«, sagte sie matt. Ihre Kehle war wie zugeschnürt.

»Es kann doch nicht für immer vorbei sein.«

»Doch, Felix«, sagte sie, zitternd vor Erregung und Anspannung. »Es ist aus. Du bist schon lange nicht mehr der Felix, den ich geliebt habe. Deine Intrigen, dein Geld … nicht zuletzt dass du gemeinsame Sache mit diesem Widerling Lausitz machst … Ich erkenne dich nicht wieder, Felix. Und dein Herz streikt doch nicht meinetwegen. Es streikt, weil du solchen Missbrauch mit ihm treibst. Das hält ja wirklich kein Herz aus.«

Sie stand auf. Für sie war diese Sitzung beendet. Im Hinausgehen sagte sie zu dem reichlich verdutzt dasitzenden Dr. Dornberg: »Herr Althofer ist nicht gekommen, um mir zu helfen, sondern weil er für sich Hilfe erhoffte. Er kann die Stunde haben.«

Mit eiligen Schritten verließ Natalie die Praxis, achtete dabei nicht auf die Rufe Dr. Dornbergs, der sie zurückhalten wollte. Im Treppenhaus kamen ihr ein paar Tränen, aber sie wischte sie rasch fort. Felix war keine Träne wert. Wieso hatte sie sich nur so lange von ihm blenden lassen? Aber sie hatte ihre Lektion gelernt. Rein äußerlich machte Uwe vielleicht nicht so viel her, aber menschlich war er ein Riese und Felix dagegen nur ein Zwerg. Und es gab nur eins, worauf es letztlich ankam: dass einer ein gutes Herz hatte.

Natalie riss die Haustür auf und lief nach draußen. Die frische Luft tat ihr gut, tief sog sie sie in ihre Lungen. Dann hörte sie plötzlich eine vertraute Stimme, die ihren Namen rief. Sie drehte sich um. Uwe eilte mit großen Schritten und besorgter Miene auf sie zu.

»Was ist los?«, fragte er, als er bei ihr war.

»Gar nichts«, entgegnete sie. »Wusstest du, dass Felix heute kommen würde?«

Uwe wog zuerst den Kopf hin und her, nickte dann. »Er meinte, ich solle es dir nicht sagen, weil du sonst nicht kommen würdest.« Uwe fürchtete, Natalie könnte ihm sein Schweigen vorwerfen. Doch sie wollte auf etwas ganz anderes hinaus. »Dann stimmt es also«, sagte sie. »Du hast ihn verprügelt.«

Zu gerne hätte Uwe sich mit diesen Federn geschmückt, doch er war viel zu ehrlich dazu und erzählte, wie es wirklich gewesen war: Er habe Felix zwar geschubst, er sei aber nur unglücklich gefallen und habe sich den Kopf angeschlagen. Trotzdem, für Natalie war er ein Held. Ihr Held.

»Was machst du eigentlich jetzt schon hier?«, wollte sie wissen.

»Irgendwie war mir nicht wohl. Ich hab befürchtet, dass du ausrastest, wenn Felix aufkreuzt und dann abhaust. Deshalb bin ich früher gekommen.«

Dass sie das noch erleben durfte: einen Mann, der sie gut genug kannte, um ihre Reaktionen vorauszusehen! Natalie küsste ihn. »Ich hab eine Stunde frei«, sagte sie dann. »Lass uns an den Lech gehen und einfach nur dasitzen und Händchen halten.«

Arm in Arm gingen sie davon.

Genau in diesem Moment rannte Felix auf die Straße. Er war Natalie nicht sofort gefolgt, weil sein Herz plötzlich zu rasen angefangen und er einen Anfall befürchtet hatte, der zum Glück aber ausgeblieben war. Er sah, wie Uwe und Natalie liebevoll vereint die Straße entlanggingen. Er hatte Natalie unwiederbringlich verloren. Zum ersten Mal wurde ihm das in dieser schonungslosen Härte klar.

Einen Moment lang drehte sich alles um ihn. Er wankte zu seinem Wagen und stieg ein. Er fühlte sich wie gefangen, umringt von Mauern, es gab kein Entrinnen. Alle Welt hatte sich von ihm abgewandt: Natalie, Lena, seine Schwester. Auch sein Vater hatte ihn nur aus Mitleid in sein Haus aufgenommen, missbilligte sein Verhalten aber auch. Wer war ihm noch geblieben?

Lausitz! Felix sah auf die Uhr. Höchste Zeit, in Zürich anzurufen. Er zog den Zettel mit Lausitz' Nummer heraus und wählte. Während es anläutete, wurde ihm schlagartig bewusst, dass sich all die Menschen, die ihm lange Zeit viel bedeutet hatten, zu Recht von ihm abgewendet hatten. Denn was hatte er getan? Er hatte sie und alles, woran sie glaubten, verraten: Liebe, Freundschaft, Vertrauen. Felix erkannte, dass er selbst zu einem Lausitz geworden war.

»Lausitz«, meldete sich die plötzlich verhasste Stimme aus dem Telefon. »Hallo? Wer ist denn da? Sind Sie das, Herr Althofer?«

Felix nahm das Handy vom Ohr und unterbrach die Verbindung. Im ersten Moment fühlte er sich keineswegs so erleichtert, wie er es sich erhofft hatte. Immerhin verzichtete er damit auf einen riesigen Gewinn. Doch allmählich wurde ihm klar, dass er das Richtige getan hatte. In seinem Leben musste sich etwas ändern. Und eben hatte er den ersten Schritt dazu getan.

Turbulenzen

Angela war nicht nur ein talentierter Trend-Scout, sondern auch ein ausgezeichneter Babysitter. Nachdem Klein-Florian das erste Mal in der Villa übernachtet hatte, hatte sie immer wieder gefragt, ob Cornelia das Kind nicht einmal wieder vorbeibringen wolle. Cornelia war froh, jetzt endlich mehr Konzerte geben zu können und an ihrer neu begonnenen Karriere als Pianistin zu arbeiten. So konnte sie außerdem dem ungeliebten Hausfrauendasein entfliehen.

Als Cornelias Wagen vor die Villa fuhr, eilte Angela ihr entgegen und half ihr, das Kind und alle nötigen Sachen aus dem Auto zu holen. Da Klein-Florian Hunger hatte, übernahm Angela es auch sogleich, ihn zu füttern. Ehe Cornelia zu Lena ins Wohnzimmer ging, blieb sie für einen Moment in der Küchentür stehen und beobachtete die beiden. Was für ein hübsches Bild! Sie konnte ihre Konzerttour beruhigt antreten.

Lena war im Wohnzimmer nicht allein. Waltraud wollte mir ihr noch einige Dinge besprechen, denn sie wollte noch an diesem Tag mit Bernd nach Florida verreisen. Ihr erster Urlaub seit sie für Lena arbeitete. Seit einer halben Stunde schärfte die Assistentin ihr ein, was sie in der Woche, in der sie nicht da war, keinesfalls vergessen durfte. Fast hätte man glauben können, Waltraud wäre die Chefin, so eindringlich redete sie mit Lena. Deshalb war Lena froh, als sie Cornelia sah und sich die Stimmung ein wenig auflockerte. Sie bot Kaffee an, doch da die Kanne leer war, wollte Waltraud frischen machen und verschwand in die Küche.

Mit einem Stöhnen fiel Cornelia auf einen Stuhl. Seit einiger Zeit schon war sie ziemlich im Stress und das würde in nächster Zeit sogar noch schlimmer werden, wie sie berichtete. Nach einem ausgesprochen erfolgreichen Benefiz-Konzert in Bonn habe man ihr die Schirmherrschaft über ein Behindertenhilfswerk angeboten. Eine Aufgabe, die sie reizte und die sie gern angenommen hatte. »Andreas war auch voll dafür«, erklärte sie. »So kann er mich nämlich durchs ganze Land fliegen. Eigentlich sind mir seine Flugkünste nicht so ganz geheuer, wenn ich ehrlich bin. Aber das darf ich natürlich nicht sagen, sonst wäre er auf den Tod beleidigt.«

»Du kannst Florian jederzeit bei uns lassen, wenn du unterwegs bist«, versicherte Lena. »Angela ist sowieso völlig vernarrt in den Kleinen.«

Cornelia atmete erleichtert auf. Insgeheim hatte sie gehofft, dass Lena das anbieten würde. »Wie geht es dir eigentlich mit Chris Gellert?«, fragte sie, nachdem sie sich bedankt hatte. Die beiden Frauen waren inzwischen vertraut genug, um auch über persönliche Dinge unbefangen zu reden.

»Funkstille«, antwortete Lena knapp. Seit Chris seine Stelle in Essen angetreten hatte, hatte sie so gut wie nichts mehr von ihm gehört. Das lag vielleicht auch daran, dass er den Arbeitsaufwand unterschätzt hatte. Lena fand allerdings kaum Zeit, seine Abwesenheit zu beklagen, denn sie hatte auch viel zu tun. Es galt weitere Veränderungen in der Firma voranzutreiben, Veränderungen, von denen auch Cornelia gehört hatte.

»Ihr wollt die Näherei nach Augsburg holen?«, fragte sie. »Vater hat so was angedeutet.«

Lena bestätigte dies. »Ob sich das rechnen wird, steht allerdings auf einem anderen Blatt. Dr. Holzknecht arbeitet an einer Lösung. – Sag mal, hast du was von Roland gehört?«

Cornelia wusste, was Lena vor allem interessierte: Rolands Buch. Die Nachricht davon war in der Tat bis nach Grünwald gedrungen, doch sie konnte nichts darüber berichten, was Lena nicht schon wusste.

»Mir wäre es ja eigentlich egal«, sagte Lena, »aber alle meinen, ein solches Buch schade der Firma.«

Cornelia beruhigte sie. Sie glaubte nicht an Rolands schriftstellerische Fähigkeiten und verstand die Aufregung nicht. Waltraud kam mit dem Kaffee, goss den beiden ein und verabschiedete sich. Vor ihrer Abreise musste sie noch einige Dinge regeln. Vor allem wollte sie Natalie, die sie am Telefon vertreten würde, genau instruieren.

Nach kurzem Plaudern musste auch Cornelia aufbrechen. Ihr Mann erwartete sie am Augsburger Sportflughafen, von wo aus er sie nach Leipzig fliegen würde. Lena wollte sie noch zur Tür bringen, doch das Klingeln des Telefons hielt sie zurück. Cornelia verabschiedete sich rasch, nicht ohne Lena darauf hinzuweisen, dass ihr Konzert heute Abend im dritten Programm übertragen würde. Dann sah sie noch einmal nach Angela und Klein-Florian und verließ die Villa.

An der Pforte kam Cornelia Waltrauds Flamme Bernd Onasch in seinem Taxi entgegen. Trotz des kurzen Weges von der Einfahrt zur *Fashion Factory* ließ er den Motor aggressiv aufheulen, um dann mit quietschenden Reifen zu bremsen. Im nächsten Moment schlug die Autotür hinter ihm zu und er stürmte in das Gebäude. Oben angekommen, nahm er sich nicht einmal die Zeit anzuklopfen, sondern trat sogleich forsch in Waltrauds Büro.

»Was machst du denn jetzt schon hier?«, fragte Waltraud. »Ich hab noch zu tun.«

Bernd hatte einen Kloß im Hals. »Unser Urlaub fällt ins Wasser«, presste er mit Mühe hervor.

Waltraud starrte ihn an, als wäre er ein Gespenst. Ihr fehlten die Worte – und das wollte bei ihr schon etwas heißen. Bernd wusste, dass das nur die Ruhe vor dem Sturm war. Während er ihr von den Ausfällen und Erkrankungen seiner Kollegen berichtete, wollte er tröstend den Arm um sie legen, doch sie stieß ihn weg. »Der Chef hat mich erpresst«, erklärte er händeringend und mit Schweißperlen auf der Stirn. »Wenn ich jetzt auch noch gehe, brauche ich gar nicht mehr wiederzukommen, hat er gesagt.«

»Wir fliegen Punkt ein Uhr«, beharrte Waltraud felsenfest. Sie hatte die Arme vor der Brust verschränkt, ihre Augen blickten kalt und entschieden. Noch war sie sich nicht sicher, ob Bernds Gründe nur vorgeschoben waren, denn sie hatte lange gebraucht, um ihn zu diesem Urlaub zu überreden. Er wollte sich von seiner vertrauten Umgebung und seinem Taxi einfach nicht trennen, nicht einmal für eine Woche.

»Jetzt guck doch nicht so«, flehte Bernd. »Ich muss auch gleich los. Wir reden heute Abend darüber, ja? Ich koch uns auch was Schönes.«

Da Waltraud ihn keines weiteren Blickes würdigte, wandte er sich ab und ging. Natalie, die hinter Waltrauds Schreibtisch saß, hatte den Streit interessiert verfolgt. Bernd tat ihr Leid. Wenn sein Chef ihm wirklich mit Kündigung gedroht hatte, hatte er doch keine andere Wahl, als zu bleiben. »Der Bernd kann doch nichts dafür«, verteidigte sie ihn.

»Welcher Bernd?«, versetzte Waltraud knapp.

Natalie wollte noch etwas sagen, kam jedoch nicht mehr dazu, denn das Telefon klingelte. Sie nahm ab. Ein Dr. Hausmann von den *Wasserburger Näh-Betrieben*, der jemanden aus der Geschäftsleitung zu sprechen wünschte. Natalie verband ihn mit Marion Stangl.

»*ACF*, Stangl«, meldete sich die Sekretärin. »Moment, ich verbinde Sie mit Dr. Holzknecht.« *Wasserburger Näh-Betriebe*, dachte sie, während sie durchstellte, nie gehört.

Sie hatte keine Gelegenheit, sich weitere Gedanken zu machen, denn die Tür ging plötzlich auf und Felix trat herein. Fröhlich wie in alten Tagen grüßte er die

Sekretärin. So entspannt hatte sie ihn lange nicht mehr gesehen. Er verlangte Dr. Holzknecht zu sprechen, doch da der gerade telefonierte, verwies Marion ihn an August Meyerbeer, der ihn ohnehin zu sehen wünschte. »Meyerbeer tut's auch«, sagte Felix und ging in dessen Büro.

August Meyerbeer saß ohne Schlips, im kurzärmligen Hemd hinter seinem Schreibtisch und studierte eine dickleibige Akte. Er stand auf, kam um den Schreibtisch herum und streckte Felix die Hand entgegen. So hatte er ihn noch nie empfangen. Er bot ihm Platz an, rückte ihm sogar den Stuhl zurecht, erklärte, er habe sich schon früher melden wollen, sei aber erst gestern von einer Geschäftsreise zurückgekommen. Kurz und gut, er wolle sich entschuldigen.

Felix zog erstaunt die Brauen hoch. Er hätte nie gedacht, dass Meyerbeer sich für irgendetwas entschuldigen würde, schon gar nicht bei ihm. Felix wusste zwar noch nicht wofür, war aber fast dazu bereit, sein Bild von ihm zu korrigieren.

August erzählte von seinem Verdacht und von der Falle, die er und Holzknecht ihm gestellt hatten, um diesen Verdacht zu bestätigen. Man hatte nach der Aufsichtsratssitzung, zu der Felix geladen gewesen war, mit steigenden Kursen gerechnet, doch das Gegenteil war eingetreten: Der Kurs war um zwei Punkte gefallen. »Das lässt nur einen Schluss zu«, sagte August, »Sie haben Ihr Insiderwissen nicht benutzt.«

Felix konnte sich ein Lächeln nicht verkneifen. »Ihr Verdacht war völlig berechtigt«, gab er offen zu. »Ich hatte sehr wohl vor, dieses Wissen einzusetzen.« Meyerbeer runzelte die Stirn, während Felix fortfuhr. »Dass ich es nicht getan habe, liegt weniger an meiner Charakterstärke, die hört nämlich bei Beträgen mit fünf oder sechs Nullen vor dem Komma auf. Meine ehemalige Lebensgefährtin und mein Herz sind der Grund dafür. Aber ich will das nicht weiter ausbreiten.« Er stand auf.

»Eigentlich bin ich ohnehin nur gekommen, um zu kündigen.«

Damit hatte August nun wirklich nicht gerechnet. War, nach Roland, nun der zweite Althofer-Sohn auch noch auf dem Aussteigertrip? Was war nur mit dieser Familie los? Er versuchte, Felix umzustimmen, denn was immer man von ihm halten konnte, er war ein erstklassiger Verkäufer. »Wollen Sie etwa für die Konkurrenz arbeiten?«, fragte Meyerbeer, als Felix allen Überzeugungsversuchen widerstand. »Da draußen weht ein rauer Wind. Und da nützt Ihnen Ihr Name gar nichts.«

Felix' Lächeln wurde noch breiter. Wenn Meyerbeer sich da nur mal nicht täuscht, dachte er. Mein Name wird mir sehr viel nützen, er ist sogar ein Pfund, mit dem sich ordentlich wuchern lässt.

Da August Felix' Entschlossenheit bemerkte, unternahm er keine weiteren Versuche, ihn zu halten. Felix bedankte sich für das offene Gespräch, auch für die lobenden Worte, die ihm ausgesprochen wurden. Dann nahm er Abschied mit dem Versprechen, dass sich ihre Wege noch öfter kreuzen würden, als August lieb sein werde. Meyerbeer fragte sich, was das nun wieder bedeuten sollte, kehrte dann aber zu seinem Aktenkonvolut zurück.

Im Hof begegnete Felix Birgit, die auf dem Weg zu ihrem Vater war. Felix berichtete ihr sogleich von seiner Kündigung. Sie sagte, dass es ihr Leid täte, doch das war nur Rhetorik. In Wahrheit war sie erleichtert über seinen Weggang. »Du und Lena, ihr habt jetzt endlich freie Bahn«, sagte Felix. »Kein Althofer wird euch jetzt mehr reinreden, denn Wilhelm frisst Lena sowieso aus der Hand.«

Birgit verkniff sich eine Antwort, fragte nur noch nach Felix' Herzbeschwerden. »Arhythmien nennen die Ärzte das«, teilte er mit. »Ich habe beschlossen, es einfach zu ignorieren.«

Birgit nickte. Da sie ihm nichts mehr zu sagen hatte, streckte sie ihm nur noch ihre Rechte entgegen und wünschte alles Gute. Felix nahm ihre Hand, drückte sie aber nicht länger als unbedingt nötig war. Er hasste Birgit nicht. Aber er konnte sie auch nicht besonders leiden. »Mach dir um mich keine Sorgen«, sagte er nur mit diesem undurchdringlichen Lächeln, mit dem er sich schon in Meyerbeers Büro maskiert hatte, »ich falle immer auf die Füße. Im Gegensatz zu Roland. Der fällt immer auf die Schnauze.«

Birgit dachte auf dem Weg zu ihrem Vater noch einige Zeit über das Gespräch nach. Ihre Intuition sagte ihr, dass er etwas vorhatte. Andererseits, welchen Schaden konnte er jetzt schon noch anrichten? Er kam nur noch einmal in die Firma, um die Übergabe zu regeln, und das war's dann. Gott sei Dank, dachte sie erleichtert.

August erwartete seine Tochter schon ungeduldig, allerdings nicht in seinem, sondern in Wilfried Holzknechts Büro. Sie glaubte, Felix' Kündigung sei der Grund für seine Nervosität und sagte ihrem Vater, dass sie es vorausgesehen und bereits Vorkehrungen getroffen habe. Doch August wollte davon jetzt nichts wissen. »Erzähl es ihr«, forderte er Dr. Holzknecht auf.

»Sagt Ihnen der Name *Wasserburger Näh-Betriebe* etwas?«, fragte er.

Birgit zuckte die Schultern. »Sollte er?«

»Ich musste mich auch erst kundig machen. Die *Wasserburger Näh-Betriebe* sind ein mittelständisches Unternehmen, in der Größe vergleichbar mit uns. Sie stehen da wie *Althofer* vor zwei Jahren – also kurz vor dem Ende. Eben hat mich der Alleininhaber, ein Dr. Hausmann, angerufen und mir ein Angebot gemacht.«

»Ein verdammt gutes Angebot«, ergänzte August. Er hatte diesen Glanz in den Augen, den Birgit nur zu gut kannte und der immer aufschien, wenn er eine einmalige Chance witterte. »Und das wäre?«, fragte sie.

»Übernahme aller Verbindlichkeiten«, nahm Holzknecht den Faden auf, »sowie fünfzig Prozent der Bankschulden. Dann können wir die Firma haben.«

Birgit begriff sofort, was das bedeutete. Damit wäre der Plan, auf dem Gelände von *Althofer* eine Näherei einzurichten, gestorben. Ihr Vater erklärte, man habe das finanziell schon mal über den Daumen durchgerechnet. Die Wasserburger Variante würde Millionen sparen und hätte auch noch den Vorteil, dass es keine langen Anlaufzeiten gäbe.

»Ich bin mit Dr. Hausmann verabredet, um mir den Betrieb anzusehen und alles Weitere zu besprechen«, teilte Dr. Holzknecht mit. »Wenn Sie Zeit haben, können Sie mich gerne begleiten. In einer halben Stunde fahre ich los.«

»Natürlich komme ich mit«, entgegnete Birgit begeistert. »Was ist mit dir, Vater?«

August winkte ab. Er sei mit Wilhelm verabredet, müsse ihm Händchen halten, angesichts der Enttäuschung, dass nun auch sein zweiter Sohn der Firma den Rücken kehrte.

Cornelia hatte auf dem Weg zum Augsburger Sportflughafen einen Umweg gemacht, um ihren Vater zu besuchen. Seit sie in Grünwald wohnte, hatte sie ihn nur selten gesehen. Er scheute die weite Fahrt und sie konnte wegen ihrer Familie und ihren neuen Verpflichtungen als Pianistin auch nicht so oft zu ihm fahren.

Mit einem Umschlag in der Hand durchquerte Cornelia eilig den Garten, trat, da die Haustür offen stand, einfach ein und rief nach ihrem Vater. In Schürze und mit Gummihandschuhen kam er aus der Küche. Schon seit einer Stunde putzte und schrubbte er den Käfig seines Papageis. »Mach bloß die Tür zu«, warnte er, »sonst haut der Vogel auch noch ab.«

Cornelia schloss die Haustür hinter sich. »Ich hab nur ein paar Minuten«, sagte sie. Sie berichtete ihrem Vater in wenigen Worten von ihrem Auftritt in Leipzig, der nur der Beginn einer einwöchigen Tournee sei.

»Und was ist mit Florian?«, fragte Wilhelm besorgt. Sosehr er Cornelia ihren Erfolg als Pianistin gönnte, so groß waren seine Befürchtungen, dass das Kind darunter leiden könnte.

»Der ist bei Lena und Angela«, teilte Cornelia mit. Sie hielt ihm den Brief, den sie mitgebracht hatte, hin. »Kannst du das für mich aufbewahren?«

Wilhelm zog einen Gummihandschuh aus und nahm den Umschlag. »Was ist das?«, fragte er.

»Nur für den Fall, dass mir etwas zustoßen sollte …«

»Ein Testament?«

Cornelia fiel ihm einfach ins Wort, erklärte, dass ihr Mann nichts davon wisse und dass bei einem Notar in München eine weitere Kopie hinterlegt sei. Sie hatte die Befürchtungen und die Beunruhigung ihres Vaters vorhergesehen und versuchte, sie zu entkräften, indem sie das Testament herunterspielte. »Jeder sollte rechtzeitig Verfügungen treffen«, sagte sie. »Es steht auch drin, wie ihr euch verhalten sollt, wenn ich selbst nicht mehr zu Entscheidungen in der Lage bin.« Nur zu gut erinnerte Cornelia sich an die Ratlosigkeit der Familie nach Wilhelms Schlaganfall, als er lange Zeit im Koma lag und die Prognosen der Ärzte wenig ermutigend waren. Sie wollte ihre Angehörigen nicht in eine ähnliche Situation bringen und ihnen keine Entscheidungen zumuten, die auch deren Leben unwiderruflich verändern würden.

»Wieso fährst du dann nicht einfach mit der Bahn, wenn du schon solche Ängste hast?«, wandte Wilhelm ein, der sich mit diesem Gedanken einfach nicht anfreunden konnte, obwohl er den Sinn des Testaments sehr wohl verstand. Immerhin war Cornelia nicht mehr nur für sich, sondern auch für ihr Kind verantwortlich.

»Das könnte ich Andreas nicht antun«, entgegnete

sie. »Seit er fliegt, ist er ein völlig anderer Mensch. Und inzwischen macht er es schon recht gut.« Sie verschwieg, dass er mit unvorhergesehenen Situationen noch immer seine Schwierigkeiten hatte, aber sie führte das nur auf seine fehlende Flugerfahrung zurück. Deshalb hatte er ihr versprechen müssen, nur bei guten Wetteraussichten zu fliegen.

Cornelia drückte ihrem Vater zum Abschied einen Kuss auf die Wange. Sie versprach, nach Ende ihrer Tournee zusammen mit Florian ein paar Tage Erholungsurlaub bei ihm auf dem Land zu machen. Wilhelm begleitete sie bis zum Wagen und winkte ihr nach, bis sie hinter der Biegung der Straße verschwand. Dann betrachtete er den Brief, den er die ganze Zeit in der Hand gehalten hatte. Cornelia hatte mit all ihren vernünftigen Gründen Recht. Und trotzdem erschien ihm das Testament wie ein böses Omen.

Waltraud war nicht die Frau, die so einfach aufgab. Irgendwann musste sie sich zwar damit abfinden, dass sie das Flugzeug nach Florida nicht mehr erreichen konnten, aber das hieß für sie noch lange nicht, dass sie auch den gemeinsamen Urlaub mit Bernd abgeschrieben hätte. Aber was konnte sie tun? Wie eine Erleuchtung aus heiterem Himmel kam ihr plötzlich eine Idee. Und von da an entfaltete sich hektische Betriebsamkeit, sie telefonierte mit mehreren Reisebüros. Mit Erfolg, wie sie am Ende befriedigt feststellen durfte.

Als Nächstes bat sie Natalie, in der Taxizentrale anzurufen und ein Taxi zur Firma zu bestellen, in ihrem,

Natalies, Namen, damit Bernd keinen Verdacht schöpfte. Außerdem sollte sie sichergehen, dass Bernd kommen würde und, falls er nicht gleich verfügbar war, auch eine Wartezeit in Kauf nehmen. Das alles ließ sie Natalie erledigen, ohne ihr zu erklären, was es zu bedeuten hatte.

»Taxi im Anmarsch«, erklärte Natalie nach ausgeführtem Auftrag und legte auf.

»Drück mir die Daumen«, sagte Waltraud nur noch, »wenn es klappt, schicke ich dir eine Ansichtskarte.«

Damit war sie fort. Natalie sprang auf und lief ihr bis zur Tür nach. »Ansichtskarte?«, rief sie ihr hinterher. »Woher denn?«

»Aus Venedig«, kam es zurück.

Waltraud holte die Koffer aus ihrem Auto und zog sie bis zur Pforte, wo sie auf das Taxi wartete. Wahrscheinlich ist es eine totale Schnapsidee, dachte sie plötzlich. Bernd wird kehrtmachen und mich stehen lassen.

Statt Bernd kam zunächst Lena. Natalie hatte sie verständigt. »Du kannst doch nicht einfach so gehen, ohne dich von mir zu verabschieden«, sagte sie vorwurfsvoll. Das hatte Waltraud in ihrer Aufregung tatsächlich vergessen. Außerdem mochte sie allzu gefühlsduselige Abschiede nicht. Lena drückte sie trotzdem an sich und wünschte ihr einen schönen Urlaub. »Vielleicht verrätst du mir ja, wo es hingeht«, fragte sie zuletzt, da Waltraud von sich aus nicht damit herausrückte.

»Venedig. Und zwar mit Bernd.« In wenigen Worten erzählte sie, wie sie ihren Schatz dazu bringen wollte. Lena klatschte in die Hände. »Die Idee könnte von mir sein«, lachte sie, drückte Waltraud nochmal an sich und küsste sie auf beide Wangen, was die nur ungern mit sich machen ließ. »Du ruinierst mir noch mein Make-up«, sagte sie nur.

Nur wenig später bog Bernds Taxi um die Ecke. Er staunte nicht schlecht, als er Waltraud neben ihren Koffern stehen sah. Verwirrt sprang er aus dem Wagen. »Was soll denn das, Waltraud?«

Sie zog nur die Brauen hoch. »Würden Sie das Gepäck einladen?«, fragte sie, als würde sie ihn nicht kennen. Bernd wollte noch etwas sagen, aber Waltraud hatte schon auf dem Rücksitz Platz genommen.

Murrend lud er das Gepäck ein, fragte sich dabei die ganze Zeit, was sie wohl im Schilde führen könnte. Wollte sie ihm eins auswischen? Veräppelte sie ihn? Er schlug die Fahrertür heftig zu und sah Waltraud im Rückspiegel an. »Nun fahren Sie endlich!«, kam es ungeduldig von hinten. Waltraud verzog keine Miene.

Bernd wendete den Wagen und fuhr dann zur Straße. »Willst du mir nicht endlich verraten, wohin ich dich bringen soll?«, fragte er missgelaunt.

»Venedig«, antwortete Waltraud staubtrocken, »Hotel-Pension *Jolanda*, direkt neben dem *Danieli*, wenn Ihnen das ein Begriff ist.«

Bernd legte eine Vollbremsung hin und drehte sich ruckartig um. Venedig? Hotel-Pension Irgendwas gleich neben dem Wie-auch-immer? »Du nimmst mich auf den Arm, oder?«

»Ganz und gar nicht.«

»Venedig? Spinnst du? Das geht nicht!«

»Das hier ist doch ein Taxi«, versetzte Waltraud, zum

ersten Mal mit Erregung in der Stimme. »Und ich bin bereit, für die Fahrt zu zahlen.«

»Hast du eine Ahnung, was das kostet?«

»Meine Sache. Jedenfalls mehr, als du in einer Woche zwischen dem Augsburger Bahnhof und der Innenstadt verdienen kannst. Das sollte auch deinem Chef einleuchten.«

Von dieser Seite hatte Bernd es noch nicht betrachtet. Seinem Chef würde die Idee zwar trotzdem nicht gefallen, weil ihm der Fahrer für Augsburg fehlte und er wohl oder übel selbst hinters Steuer müsste. Aber andererseits klagte er auch ständig über die schlechten Einnahmen.

Waltraud stieg aus und nahm auf dem Beifahrersitz Platz. »Jetzt fahr schon«, bat sie Bernd in viel sanfterem Ton, legte dabei ihre Hand auf die seine. »Heute Abend sind wir da und machen uns eine schöne Zeit.«

Bernd brummte nur etwas, legte aber den Gang ein und fuhr los. »Ich muss aber meinem Chef Bescheid geben«, sagte er. Waltraud lächelte. Das war so gut wie ein Einverständnis.

»Aber erst hinter Salzburg, ja?«

Bernd wandte den Kopf und sah sie an. Er konnte sich ein Lächeln nicht verkneifen. »Du bist schon eine«, sagte er.

Seit er keine Verpflichtungen mehr in der Firma hatte, fühlte Felix sich frei und voller neuer Lebenskraft. Von jetzt an wollte er nur noch sein eigener Herr sein. Aus dem Fonds in Liechtenstein hatte er sich zurückgezogen, weil ihm klar geworden war, dass diese Aktionen auf Dauer nicht gut gehen konnten. Und tatsächlich hatte August Meyerbeer ihm heute Morgen vor Augen geführt, wie nah am Abgrund er gestanden hatte. Sein Rückzieher in letzter Sekunde hatte ihn gerettet. Dabei hatte er sich keineswegs von der Absicht verabschiedet, möglichst viel Geld zu machen. Er war ja nicht Roland. Doch er würde von nun eine neue Strategie verfolgen. Auf diese neue Strategie aber hatte ihn in der Tat Rolands Beispiel gebracht. Denn wenn Rolands Roman gedruckt und vielleicht sogar ein Erfolg werden würde, dann bestimmt nicht seiner literarischen Qualität wegen, sondern nur dank eines einzigen Kriteriums: der Name Althofer, der neuerdings über Wirtschaftskreise hinaus Interesse weckte und der immer mehr mit Erfolg durch Kreativität und Innovation verbunden wurde, obwohl das eigentlich Lenas Beitrag war. Jedenfalls würde sich mit diesem Namen noch viel Geld verdienen lassen.

Nach der unerwartet kurzen, aber keineswegs folgenlosen Therapiesitzung bei Dr. Dornberg hatte Felix sich ein paar Tage allgemeinem Weltekel hingegeben, der sich vor allem auf die Person seines bisherigen Geschäftspartners Dieter Lausitz konzentrierte. Doch dann hatte sich eine etwas weniger ablehnende Haltung eingestellt. Er hatte eingesehen, dass Männer wie Lausitz in der Wirtschaft unverzichtbar waren. Sie brachten die Härte, die Gerissenheit und den nötigen Zynismus mit, um in dem Haifischbecken, das das Geschäftsleben nun einmal war, zu bestehen. Deshalb hatte Felix beschlossen, auch bei seinen neuen Geschäften mit Lausitz zusammenzuarbeiten.

Er hatte ihn in die Cocktailbar eingeladen, um ihm sein neues Vorhaben zu erläutern, aber auch um den Scheck mit seiner Einlage im Fonds und den Gewinnen in Empfang zu nehmen. Schon am Telefon hatte Lausitz wissen lassen, wie sehr ihn der Abzug des Geldes schmerze, auch weil dies kein gutes Signal für die anderen Anleger sei. Außerdem hatte er ihm nicht verziehen, dass der versprochene Tipp nach der Aufsichtsratssitzung ausgeblieben war.

Schmollend saß Lausitz mit dem jungen Althofer in der Bar und fragte sich, wieso er sich nach all der Enttäuschung überhaupt dessen neue Geschäftsidee anhörte. Es musste an Felix' flinkem Mundwerk liegen, an dem Strahlen in seinen Augen und der Lebendigkeit in seinem Gesicht, denen man kaum widerstehen konnte. All dies hatte ihn ja auch zu dem erstklassigen Verkäufer gemacht, der er noch immer war, nur jetzt eben in eigener Sache. Ganz abgesehen davon, dass sein Vorhaben etwas für sich hatte.

»Der Name Althofer ist im Moment Gold wert«, erklärte Felix. »Und da es auch mein Name ist, möchte ich daran mitverdienen, solange das so ist. Mit einer eigenen Reihe von Modeaccessoires. Das Schöne daran ist: Ich kann das Geschäft von meiner Wohnung aus betreiben. Ein PC und eine nette Sekretärin, mehr brauche ich nicht. Die Ware geht ab Lager des Herstellers direkt zum Händler.«

»Stellen Sie sich das Ganze nicht ein bisschen zu einfach vor? Sie brauchen erst mal Vertragshändler und Kunden.«

Felix lehnte sich über den Tisch und blinzelte Dr.

Lausitz zu. »Kein Problem«, sagte er mit gedämpfter Stimme. »Ich werde einfach die Kundenkartei der *ACF* kopieren.«

Lausitz zog die Brauen hoch. Felix hatte wirklich an alles gedacht. »Und wie soll das Kind heißen?«, wollte er nun wissen.

»*Althofer Design* natürlich.«

»Haben Sie sich schon schlau gemacht, ob das rechtlich überhaupt geht?«

»Das wäre Ihre Aufgabe. Außerdem wäre es nicht schlecht, wenn Sie ein paar Geldgeber auftreiben könnten. Ich will mich nicht bis aufs Hemd ausziehen müssen.«

»Verstehe.«

Lausitz nahm einen Schluck von seinem Drink und ließ Felix dabei nicht aus den Augen. Wieder fragte er sich, was es nur war, das ihn trotz aller Enttäuschung an ihm festhalten ließ. Ich sollte mich auf meinen Geisteszustand untersuchen lassen, dachte er, sagte aber: »Na schön, ich bin dabei.«

Felix lächelte überlegen. Er hatte gewusst, dass Lausitz sich der Brillanz seiner Idee nicht entziehen konnte. »Gegen ein Gläschen Champagner, um das gebührend zu begießen, haben Sie doch nichts einzuwenden, oder?«, fragte er. »Keine Bange, der geht auf mich.«

»Tun Sie, was Sie nicht lassen können.«

Die Gläser stießen zusammen. Das warme Licht des Spätnachmittags verlieh dem schweren Rotwein ein geradezu magisches Leuchten. Roland und Silke saßen auf der dem Meer zugewandten Terrasse des kleinen Häuschens. Roland stellte sein Glas ab und nahm das Paket, das auf dem Tisch lag, in die Hand. Es enthielt seinen fertig abgetippten Roman und war an einen Literaturagenten adressiert, den Silke auf einer Party kennen gelernt hatte und zu dem sie noch immer einen losen freundschaftlichen Kontakt hatte. Einer ihrer zahlreichen Liebhaber aus einem Vorleben, das sie hinter sich gelassen hatte. Doch das musste Roland ja nicht erfahren. Er war in diesen Dingen noch immer sehr empfindlich.

Silke lag viel am Erscheinen dieses Romans. Roland wusste das. Er machte sich jedoch keine Illusionen über den Wert seines Manuskripts. Das Schreiben hatte ihm geholfen, über vieles, was ihn bedrückte, hinwegzukommen. Ob es interessant genug war, dass auch Fremde es lesen würden, wagte er zu bezweifeln. Doch ihn beschäftigte ohnehin etwas anderes, und das schon seit langem.

Roland legte das Paket wieder hin und schaute Silke mit einem ernsten, ja feierlichen Ausdruck an. »Willst du mich heiraten?«, fragte er unvermittelt. »Auch wenn der Roman nie erscheint und ich es nie zu etwas bringen werde?«

Verdutzt sah Silke ihn an. »Bist du betrunken?«, fragte sie.

»Ja. Von dir.«

»Ist es nicht jetzt schon wunderschön zwischen uns, so wie es ist?« Der Gedanke, Roland zu heiraten, machte Silke Angst. Nicht, weil sie an seiner oder ihrer eigenen Liebe gezweifelt hätte. Aber eine Frau wie sie, die immer weggelaufen war, wenn es ernst wurde, wusste auch jetzt nicht, was eine Heirat aus ihrer Liebe machen würde. Andererseits würde sie es nie erfahren, wenn sie es nicht versuchte.

»Unter einer Bedingung«, sagte sie nach langem Schweigen.

»Ja?«

»Wir gehen zurück nach Hause.«

Diese Bedingung überraschte Roland nicht, Silke hatte das ja schon öfter angesprochen. Ihm war klar geworden, dass er sie auf Dauer hier nicht würde halten können. Und vielleicht hatte sie ja Recht. Das hier war nicht das richtige Leben, es war ein wunderschöner Ausnahmezustand, der nicht ewig dauern konnte. Da er sich innerlich schon damit abgefunden hatte, fiel es ihm leicht, ihr dieses Zugeständnis zu machen.

»Aber die Hochzeit feiern wir noch hier.«

Als Silke mit einem Nicken ihre Einwilligung gab, nahm Roland sie in den Arm und küsste sie voller Leidenschaft und Glück. Er war so glücklich wie nie zuvor in seinem Leben.

Dann sprang er auf, fragte sie nach ihrem Handy und als sie sagte, es sei im Haus, lief er hinein. Zum ersten Mal seit Monaten nahm er wieder Verbindung mit seiner Familie und damit mit seiner Vergangenheit auf. Er wählte die Nummer der Villa, hoffte Lena zu erreichen. Dass ausgerechnet Birgit abnahm, kam zwar ungelegen, konnte seiner Hochstimmung jedoch nichts anhaben.

Birgit war ebenfalls bester Dinge. Sie war mit Dr. Holzknecht gerade von der Besichtigung der *Wasser-*

burger Nähbetriebe zurückgekommen. Die Firma war in einem hervorragenden Zustand. Die Maschinen waren allesamt erst ein paar Jahre alt – bei ihrer Anschaffung hatte Dr. Hausmann sich wirtschaftlich verhoben – und die Kapazitäten des Betriebs entsprachen in etwa den Bedürfnissen der *ACF*. Holzknecht bereiteten nur die hohen Verbindlichkeiten Sorgen.

Nachdem ein paar Floskeln ausgetauscht worden waren, fragte Birgit Roland nach seinem Roman. »Es ist eigentlich kein Roman, eher eine Art Tagebuch«, erklärte er. Es war ihm unverkennbar unangenehm, darüber zu sprechen.

»Du nennst darin doch keine Namen?«, fragte Birgit bang. Sie hatte keine Lust, dass man in ganz Augsburg und darüber hinaus Details aus ihrer gescheiterten Ehe mit Roland erfahren würde.

»Lass uns das Thema wechseln«, sagte Roland nur und blieb eine Antwort schuldig. »Ich brauche meine Papiere: Geburtsurkunde, Scheidungsurteil, alles eben. Das alles müsste in dem alten Schiffskoffer auf dem Speicher sein.«

»Wenn dein Pass abgelaufen ist«, sagte Birgit, »brauchst du doch kein Scheidungsurteil.«

»Ich will wieder heiraten.«

Diese Worte waren wie eine kalte Dusche für Birgit. Sie wusste selbst nicht, warum. Hatte sie ihre Ehe mit Roland nicht längst abgehakt? Offenbar nicht ganz. »Doch nicht etwa diese Silke Richter?«, fragte sie mit belegter Stimme, obwohl sie wusste, dass es sich nur um sie handeln konnte.

»Genau sie. Und überleg gut, was du jetzt sagst –«

»Es geht mich nichts an, was du tust«, fiel Birgit ihm, wieder gefasst, ins Wort. »Wohin soll ich das alles schicken?« Sie nahm sich Stift und Papier und schrieb die Adresse auf.

»Schick es per Eilboten«, verlangte Roland.

Er hat es ja mächtig eilig, dachte Birgit und beendete das Gespräch, ohne ihm Glück zu wünschen.

Sie stand noch eine Weile irritiert da. Sie hatte geglaubt, das Schlimmste schon hinter sich und den Schock einigermaßen verdaut zu haben. Nun musste sie feststellen, dass das ein Irrtum gewesen war. Tief in ihrem Innern breitete sich ein Schmerz aus, der immer mächtiger wurde, bis er sie schließlich ganz überwältigte und Tränen ihre Wangen hinabliefen. All das Leid, das sie um Rolands willen ausgestanden hatte, all die Liebe, die sie für ihn empfunden hatte, kamen wieder hervor. Natürlich hatte sie immer mit so etwas rechnen müssen. Aber sie hätte nicht gedacht, dass es so wehtun würde.

Doch es war nicht allein die Erinnerung an vergangenes Glück und Leid, die sie quälte. Die Vergeblichkeit ihrer Liebe damals zu Roland spiegelte auf schmerzhafte und schonungslose Weise auch die Vergeblichkeit ihrer neuen Liebe – der Liebe zu Lena. Während Roland ein neues Glück gefunden zu haben schien, hängte sie ihr Herz an eine unerfüllbare Hoffnung.

Doch war sie das wirklich – unerfüllbar? Der Verstand sagte ja, das Herz wollte es nicht wahrhaben und rief: Nein!

In diesem Zustand wollte Birgit Lena keinesfalls begegnen. Deshalb verließ sie beinahe fluchtartig die Villa, sprang in ihr Auto und fuhr davon. Wohin, wusste sie selbst nicht. Einfach nur weg.

Es war längst dunkel, als Dr. Holzknechts Wagen vor der Villa zum Stehen kam. Auf dem Beifahrersitz saß Lena. Anders als Birgit hatte Holzknecht sie nach der Rückkehr aus Wasserburg im Gebäude der *Fashion Factory* gesucht und auch gefunden. Er hatte ihr von der viel versprechenden Besichtigung der *Wasserburger Näh-Betriebe* berichtet und wegen Lenas Neugier spontan vorgeschlagen, zusammen mit ihr noch einmal nach Wasserburg zu fahren. Lena hatte nicht widerstehen können.

Obwohl Dr. Hausmann bei ihrer Ankunft in Wasserburg natürlich längst, wie der Rest der Belegschaft, Feierabend gemacht hatte und sie die Gebäude deshalb nur von außen besichtigen konnten, war der Abend keineswegs vertan gewesen. Wilfried Holzknecht hatte Lena zum Essen eingeladen und dabei eine Seite von sich gezeigt, die er im beruflichen Alltag verborgen hielt. Nicht der Erbsenzähler und Prinzipienreiter, als der er verschrien war, sondern ein Mann mit Humor und einem wenn auch verhaltenen Charme.

»Es brennt noch Licht«, sagte Lena. »Birgit ist noch auf. Wieso kommen Sie nicht noch auf ein Glas mit rein?«

Wenn Birgit nicht mehr auf gewesen wäre, hätte er die Einladung vielleicht angenommen. Vielleicht auch nicht. So aber lehnte er ab. »Heute ist zu viel liegen geblieben«, sagte er. »Das arbeite ich lieber noch weg.«

Lena nickte. »Ein aufschlussreicher Abend. Auch was Sie betrifft.«

Dr. Holzknecht lächelte. »Und zu welchem Schluss sind Sie gekommen?«, fragte er.

Lena ließ noch einmal den Abend Revue passieren. »Dass die Menschen im Büro immer mit einer Maske herumlaufen. Ich ja auch.«

»Es gibt trotzdem einen Unterschied«, entgegnete Holzknecht. »Ich bin Dutzendware, von der Stange. Sie dagegen sind ein exklusives Designer-Modell.«

Lena lachte. »Es ist immer der gleiche Stoff. Der Unterschied ist nur, was man daraus macht.« Sie hielt ihm die Hand hin. »Gute Nacht, Herr Doktor.«

»Gute Nacht.«

Wilfried Holzknecht stieg wieder ein und sah Lena nach, bis sie in der Villa verschwunden war. Der gemeinsame Abend hinterließ einen ganz eigenen Nachklang in ihm. Lena hatte ihn verzaubert. Das Kribbeln in seinem Bauch war ein untrügliches Zeichen dafür, dass er für sie mehr empfand als Kollegialität oder Freundschaft. Dennoch hätte Wilfried sie und sich selbst niemals der Peinlichkeit ausgesetzt, ihr seine Gefühle zu offenbaren. Sie war gleich mehrere Nummern zu groß für ihn, dessen war er sich sicher. Doch von ihr zu träumen, konnte nicht einmal sie ihm verbieten.

In der Küche saß Birgit bei einem Glas Rotwein, nicht dem ersten, wie man an der nur noch halb vollen Flasche sehen konnte. Sie wandte sich nach Lena um, sah sie aus geröteten Augen an. »Da bist du ja«, sagte sie. »Wo warst du denn?«

Besorgt trat Lena näher und nahm an Birgits Seite

Platz. Dass sie geweint hatte, war unübersehbar. Irgendetwas musste geschehen sein. »Was ist denn mit dir?«, fragte sie.

Birgit seufzte. »Roland hat angerufen. Er will diese Frau heiraten, die Stripperin. Du weißt schon. Das hat mich irgendwie umgehauen.« Sie sah Lena tief in die Augen. »Eigentlich könnte es mir ja egal sein«, fuhr sie fort, »denn ich bin noch nie in meinem Leben so glücklich gewesen wie in der letzten Zeit, bei unserer Arbeit, mit dir zusammen, in diesem Haus ... ach, Lena ...!«

Lena spürte ihre Melancholie und sie glaubte zu verstehen, woher sie kam. Doch in Wahrheit verstand sie Birgit nur zum Teil. Sie nahm ihre Freundin in den Arm, Birgit legte die Arme auch um sie und drückte sie ganz fest an sich. Es war so gut, sie zu spüren, den nach einem anstrengenden Tag verblassten Duft ihres Parfums zu riechen. Birgit hob ihren Kopf und sah Lena erneut tief in die Augen. »Gut, dass du da bist«, sagte sie. »Jetzt geht es mir schon viel besser.«

Lena fühlte sich auf einmal unwohl. Diese allzu große Nähe war ihr nicht ganz geheuer. Sie versuchte, sich aus der Umarmung zu lösen. Birgit hielt zuerst dagegen, gab dann aber rasch nach. Nur ihr Blick blieb weiterhin verliebt auf ihr haften.

»Ich war mit Dr. Holzknecht in Wasserburg«, sagte sie, um Birgit auf andere Gedanken zu bringen. »Hat Angela dir das nicht ausgerichtet?«

»Sie war schon im Bett, als ich kam. Ich war bei Hedda. Eigentlich wollte ich ja zu meinem Vater, aber der war nicht da. Deshalb habe ich mich bei ihr ausgeweint.«

»Sei mir nicht böse, Birgit, aber ich bin hundemüde. Ich muss jetzt dringend ins Bett.« Sie stand auf. »Wo schläft Florian? Bei Angela?«

»Warte!«, rief Birgit ihr nach. Sie erhob sich ebenfalls und war mit ein paar raschen Schritten bei Lena. »Ich muss dir noch was sagen.«

Lena wandte sich ihr zu. »Ja?«

»Du darfst aber nicht lachen.«

Lena schüttelte den Kopf. Sie konnte sich nicht vorstellen, was Birgit ihr sagen wollte. Birgit wusste es selbst nicht. Wie viel von ihren Gefühlen konnte sie zeigen? Ihr Herz war so voller Liebe, dass sie fürchtete, es könne zerplatzen. Und gleichzeitig fürchtete sie, sie würde sich bei Lena lächerlich machen.

»Ich ... ich hab dich wahnsinnig gern, Lena«, sagte sie mit bebender Stimme, ihr Körper war ein einziges aufgeregtes Pulsieren. »Manchmal habe ich Angst, es könnte zwischen uns einmal nicht mehr so sein wie jetzt, so ...«

Lena wartete nicht ab, bis Birgit zu Ende gesprochen hatte. Sie drückte sie kurz an sich, gab ihr einen Kuss auf die Wange und sagte: »Ich hab mir immer eine Schwester gewünscht. Und jetzt hab ich eine.«

Dann verließ sie die Küche.

Birgit blieb allein zurück. Nach und nach war sie wieder so verzweifelt wie vor Lenas Ankunft. Wie sollte sie Lena nur begreiflich machen, was sie für sie empfand? Mehr noch: Wie sollte sie Lena für sich gewinnen? Denn nichts weniger als das war es, was sie wollte. Und bisher hatte sie noch stets bekommen, was sie sich gewünscht hatte.

Jäh und unerwartet

Amüsiert beobachtete Ewald Kunze von der Tür seines Pförtnerbüros aus den kurzen, aber heftigen Wortwechsel zwischen Waltraud und Bernd. Die beiden kamen eben von ihrem Venedig-Urlaub zurück. Er schien nicht sehr erholsam gewesen zu sein. So viel er mitbekam, wollte Waltraud nicht mehr, dass Bernd sie mit seinem Taxi jeden Tag zur Arbeit brachte, schließlich habe sie ihren Führerschein längst wieder. Sie beendete den kleinen Streit, indem sie Bernd rasch auf den Mund küsste und ausstieg.

»Morgen, Frau Michel«, grüßte Kunze und lächelte. »Scheint ein stürmischer Urlaub gewesen zu sein.«

»Kann man wohl sagen.«

Sie hätte es sich denken können, dass eine Stadt, in der es statt Straßen nur Kanäle gab, nicht das Richtige für Bernd war. Erst als sie ihm ein Motorboot gemietet hatte, war er glücklich gewesen. Schwamm drüber, dachte sie, während sie an Kunze vorbeiging.

Waltraud war kaum auf dem Firmengelände, da fuhr ein dunkler Wagen vor. Als Kunze den Fahrer erkannte, blieb ihm die Spucke weg: Dieter Lausitz! Dieses Gesicht hatte Ewald Kunze seit seiner Zeit als Prokurist in schlechter Erinnerung. Angefangen von seiner ersten Begegnung mit ihm, als er im Auftrag einer Frankfurter Bank die Liquidierung der Firma durchführen sollte, hatte Lausitz nur Ärger, Verdruss und Unglück gebracht. Und nun behauptete er, einen Termin mit Dr. Holzknecht zu haben.

Kunze ließ ihn aufs Gelände und rief Marion Stangl an. Die regte sich heftig über die Dreistigkeit von Lausitz auf, der überhaupt keinen Termin hatte. Sie hatte kaum aufgelegt, da kam er auch schon mit einem allzu freundlichen Gruß auf den Lippen durch die Tür. Er verlangte Dr. Holzknecht zu sprechen, in wichtiger Angelegenheit, wie er vieldeutig erklärte, sie solle ihn im Interesse der *ACF* anmelden. Da alle Versuche, ihn abzuwimmeln, scheiterten, gab Marion Stangl schließlich nach und rief in der Villa an, wohin Holzknecht sich mit dem Hinweis, er wolle nicht gestört werden, vor einer halben Stunde abgemeldet hatte.

Lena, die den Anruf im Wohnzimmer entgegennahm, reichte den Hörer an Holzknecht weiter. Er stand neben ihr, eine Hand in der Hosentasche, hatte sein Sakko abgelegt und den Daumen in den Hosenträger gestemmt. »Was will dieser Dr. Lausitz denn?«, fragte er Marion.

Die Sekretärin fragte bei Lausitz nach und erfuhr, dass

es um »viel oder gar nichts« ginge. Holzknecht bedeckte die Sprechmuschel des Telefons mit der Hand und beriet sich mit Lena, da er diesen Dr. Lausitz nicht kannte. Er fragte sie, ob man das ebenso andeutungsvolle wie nichts sagende Geraune ernst nehmen müsse.

»Lausitz ist eine Schlange«, entgegnete Lena. »Und bei Schlangen empfiehlt es sich zu wissen, wohin sie kriechen. Sonst erlebt man eine böse Überraschung.«

Daraufhin bat Wilfried Holzknecht Marion Stangl, dem Besucher mitzuteilen, er werde in zehn Minuten in seinem Büro sein. »Meinen Sie, Felix Althofer steckt dahinter?«, fragte er, nachdem er aufgelegt hatte.

Lena zuckte nur mit den Schultern und wandte sich wieder den Papieren zu, über die sie mit Holzknecht gesprochen hatte. Es handelte sich um die Bedingungen für den Kauf der *Wasserburger Näh-Betriebe*. Die Gläubigerbanken würden daran zu kauen haben, denn sie würden auf einen nicht unbeträchtlichen Teil ihrer Forderungen verzichten müssen. Trotzdem wäre ihr Verlust bei einer Ablehnung dieses Angebots noch größer.

Die Besprechung wurde von Kindergeschrei und einer völlig entnervten Angela ein zweites Mal unterbrochen. Sie war auf der Suche nach Florians Lieblingsteddy, auf den er partout nicht verzichten wollte. Seit einer Woche war Angela nun schon Ersatzmutter. Sie schlug sich wacker, wie Lena fand, war allerdings allmählich an der Grenze ihrer Belastbarkeit angelangt. Ein Glück, dass Cornelia und Andreas heute Nachmittag wieder zurückkamen. Angela wollte sie mit dem Kleinen am Augsburger Sportflugplatz empfangen.

Dr. Holzknecht erwies sich als Retter in größter

Not, da er den Teddy unter den Stoffmustern entdeckte. Nachdem das Kind beruhigt und alles Geschäftliche besprochen war, brachte Lena Dr. Holzknecht noch zur Tür. Sie schätzte die angenehme Zusammenarbeit mit ihm. Er war sachlich, zuweilen hart, aber immer fair. Natürlich kam ihr zugute, dass er eine ausgeprägte Schwäche für sie hatte und ihren Vorschlägen allein schon deshalb eher entgegenkam.

»Ich wünschte, Sie kämen mit nach Barcelona«, sagte er. »Ich würde so gerne mit meinem Spanisch vor Ihnen angeben.«

Lena lächelte. Sie hätte ihn gerne auf seiner nicht ganz einfachen Geschäftsreise nach Barcelona begleitet, zumal weiblicher Charme durchaus notwendig sein konnte, denn dem Betriebsleiter der dortigen Näherei musste schonend beigebracht werden, dass er schon bald von der *ACF* keine Aufträge mehr bekommen würde. Doch sie konnten nicht beide die Firma allein lassen, zumal auch August Meyerbeer sich in den Urlaub verabschiedet hatte.

»Ich ruf Sie an, wenn ich mit diesem Lausitz gesprochen habe«, versprach Wilfried Holzknecht zuletzt und verließ die Villa.

Lausitz sprang vom Stuhl hoch, als er Holzknecht sah und kam sogleich auf ihn zu. Holzknecht musterte ihn mit einem raschen Blick. Er wusste sofort, wen er vor sich hatte. Diese Sorte Mensch war ihm im Laufe seines Geschäftslebens schon öfter begegnet. Er bat den Besucher in sein Büro, bot ihm Platz an und nachdem Lausitz sich gesetzt hatte, ließ auch er sich hinter seinem Schreibtisch nieder.

»Wenn ich das hier so sehe«, sagte Lausitz, den Blick um sich werfend, »fällt es mir schwer zu glauben, dass die Firma noch vor ein paar Jahren am Abgrund stand. So wie jetzt die *Wasserburger Näh-Betriebe,* die Sie übernehmen wollen.«

Holzknecht ließ sich seine Überraschung nicht anmerken. Dieser Lausitz hatte seine Hausaufgaben gemacht. Lausitz lehnte sich zurück und fügte hinzu: »Wenn Sie mich eingeschaltet hätten, würden Sie in Wasserburg schon längst produzieren. Und das ganze für 'n Appel und 'n Ei. Ich kenne die Banker, war schließlich selbst mal einer.«

»Das ist nicht nur eine Sache des Geldes«, entgegnete Wilfried Holzknecht. »Eine Firma ist ein lebender Organismus. Wie ein schönes Tier auf der freien Wildbahn des Marktes. Wenn es angeschossen und verletzt wird, kann man es in Gefangenschaft vielleicht wieder hochpäppeln und ihm seine Freiheit wiedergeben.«

Mit wachsendem Erstaunen hörte Lausitz zu. Von Holzknecht, dem ein Ruf als knochenharter Kostensenker und Schleifer vorauseilte, hätte er solche lyrischen Ergüsse nicht erwartet. Aber Holzknecht selbst war kaum weniger überrascht. Zwar war ihm der Zynismus eines Lausitz' schon immer fremd gewesen, aber derlei erhabene Worte waren ihm bisher eher selten über die Lippen gekommen. Er konnte nicht leugnen, dass diese neuen Gedanken auf den Einfluss Lenas zurückzuführen waren.

»Wollen Sie nicht endlich sagen, warum Sie hier sind?«, drängte Holzknecht.

Lausitz öffnete seinen Aktenkoffer, holte einige Papiere heraus und reichte sie Holzknecht über den Tisch. Dieser blätterte sie mit mäßigem Interesse durch. Es handelte sich um Design-Entwürfe für Parfumflakons, Gürtelschnallen, Taschen und allerlei Sonstigem. Nichts Besonderes, man hatte alles in dieser oder einer ähnlichen Form bereits gesehen. Nicht gesehen hatte man jedoch den Schriftzug, der die Artikel dezent, aber nicht so dezent, dass man ihn übersehen hätte, zierte: *Felix Althofer.*

»Das sind natürlich nur Entwürfe«, erklärte Lausitz.

Holzknecht reichte ihm die Papiere zurück, mit einer leicht verächtlichen Geste, die eigentlich seiner sachlichen Art widersprach, die er sich aber dennoch nicht verkneifen konnte. »Was soll das sein?«, fragte er. »Werbegeschenke?«

Lausitz lachte auf. »Ich bitte Sie, Herr Holzknecht. Ich bin doch kein Vertreter. Ich bin Partner in der Firma von Felix Althofer. *Althofer Design GmbH.* Seit gestern eingetragen im Handelsregister.« Er wedelte mit den Zeichnungen herum. »Und das sind unsere Produkte, die wir schon bald in allen einschlägigen Geschäften im In- und Ausland vertreiben werden.« Dann legte er die Entwürfe wieder so auf den Schreibtisch, als erwarte er, dass Holzknecht sie nun einer genaueren Prüfung unterziehen würde.

Erst jetzt begriff Wilfried Holzknecht, worauf Lausitz hinauswollte. Felix Althofer und er wollten als Trittbrettfahrer an Lena Czernis Erfolg teilhaben, so wie sie es zuvor schon auf weniger legale Weise durch Insidergeschäfte mit Aktien versucht hatten. Wenn die Sachen wenigstens Stil gehabt hätten, hätte man vielleicht darüber reden können – vielleicht! Doch das billige Zeug, das Felix und Lausitz in ihrem Sortiment führen wollten, würde die Marke *Althofer* ruinieren.

»Im Sinne von Synergien wäre es in beiderseitigem Interesse, wenn wir unsere Produkte über ihr Filialnetz vertreiben könnten«, erklärte Lausitz. »Über den Beteiligungssatz werden wir uns sicher einig. Herr Althofer legt, wie Sie sehen, keinen Wert auf eine Konfrontation. Im Gegenteil. Was halten Sie von dem Vorschlag?«

Wilfried Holzknecht hielt nicht einmal so viel davon, dass er ihn auch nur mit einem Wort kommentiert hätte. Er nahm den Hörer und teilte Marion Stangl mit, dass Herr Lausitz zu gehen wünsche, sie solle ihn doch bitte zur Tür begleiten. Binnen weniger Sekunden hatte diese die Tür zum Büro geöffnet und wartete auf den ungebetenen Gast mit nach draußen weisender Geste.

Widerwillig stand Lausitz auf. Mit einer derart eindeutigen Abfuhr hatte er nicht gerechnet. In seinen Augen hatte er ein für beide Seiten lukratives Geschäft angeboten. »Wenn Sie nicht wollen, ist das Ihr Problem«, sagte er. »Aber glauben Sie nicht, dass Sie uns stoppen können. Sie haben keine rechtliche Handhabe dazu.«

»Das werden wir ja sehen«, versetzte Holzknecht, der ebenfalls aufgestanden war. »Richten Sie Felix Althofer aus: Wenn er Krieg will, kann er ihn haben. Und das hier können Sie wieder mitnehmen.« Er nahm die Design-Entwürfe, die noch immer auf seinem Schreibtisch lagen, und warf sie Lausitz hinterher.

Lausitz gab sich unbeeindruckt, versuchte Marion Stangl sogar noch mit hochmütigen Höflichkeiten zu schmeicheln. Doch all dies diente nur dazu, nach der Demütigung, die er gerade erfahren hatte, sein Gesicht zu wahren. Ohne die Zeichnungen aufzuheben, verließ er Büro und Vorzimmer.

Kaum war er fort, kam Betriebsamkeit in Wilfried Holzknecht. Er wusste nicht, ob sein Versuch, Lausitz und mit ihm Felix Althofer einzuschüchtern, gelungen war. Langfristig gesehen bezweifelte er es. Er bat Marion Stangl ihn mit August Meyerbeer und Dr. Straubinger zu verbinden, als Erstes aber mit Lena Czerni.

Ungläubig hörte Lena die Neuigkeit. Sie befand sich gerade im Call-Center der *Fashion Factory*, wo Uwe eben bemerkt hatte, dass jemand sich Zugriff zur Kundenkartei verschafft hatte, und zwar mit dem richtigen Passwort. Als sie nun von Holzknecht von Felix' Plänen erfuhr, wusste Lena sogleich, wie das zusammenpasste. Felix hatte die Kundenkartei kopiert, um sie für seine neue Firma zu nutzen.

»Ich hab ein wenig auf den Putz gehauen«, schloss Holzknecht seinen Bericht, »aber ich fürchte, rechtlich gesehen können wir nicht viel machen.«

So leicht wollte Lena sich nicht geschlagen geben. Sie ging zu Birgit, um sich mit ihr zu besprechen. Doch sie wusste auch keinen Rat. Am Ende beschloss Lena, selbst zu Felix gehen und zu versuchen, ihm seinen Plan auszureden. Sie machte sich allerdings keine besonders großen Hoffnungen.

Voller Hoffnungen auf eine erfolgreiche geschäftliche Zukunft brachte Felix sein neues Firmenschild neben der Haustür an. *Althofer Design GmbH – Felix Althofer* stand da in Schwarz auf goldenem Untergrund und von Schnörkeln umrankt. Heute Morgen hatte man ihm den neuen Schreibtisch geliefert, an dem er weitere Designs erarbeiten würde. Seine Arbeitsweise bestand weniger in der Ausarbeitung eigener Einfälle als vielmehr in der Kombination bereits bestehender Designs. Sehr viel weiter reichte Felix' Kreativität nun mal nicht. Doch das Produkt war in seinen Augen ohnehin nebensächlich. Was zählte, war der Name.

»Das Schild können Sie gleich wieder abschrauben«, hörte er da eine bekannte Stimme sagen. Lausitz. Aber in einer Tonart, die man sonst von ihm nicht kannte.

Felix wandte sich um. »Wie ist es bei Holzknecht gelaufen?«, fragte er.

»Er hat mich in hohem Bogen rausgeschmissen.«

»Haben Sie ihm die Designs nicht gezeigt?«

»Drum hat er mich ja rausgeschmissen.« Lausitz schüttelte den Kopf. Er bereute es schon wieder, dass er sich von Felix hatte einwickeln lassen. Denn selbst wenn man im Recht war, hieß das noch lange nicht, dass man auch Recht bekam. Und wenn doch, dann zu welchem Preis? Kaum jemand kannte sich in diesen Dingen besser aus als er. »Ich fürchte, wir müssen uns auf eine Prozesslawine gefasst machen«, sagte er, »die Ihr ganzes Kapital auffressen wird. Wollen Sie sich wirklich darauf einlassen?«

Natürlich gefiel Felix diese Aussicht genauso wenig wie Lausitz. Doch er wollte die Flinte nicht so schnell ins Korn werfen. Ihm lag nichts an einer Konfrontation mit Lena und Holzknecht. Aber wenn sie es darauf anlegten, würde er nicht kneifen. Dass sein Partner sich von Holzknecht offenbar den Schneid hatte abkaufen lassen, überraschte und enttäuschte ihn.

»Diese Art Kleinkrieg liegt mir nicht«, teilte Lausitz mit hängenden Schultern mit. »Vor allem, wenn dadurch die Aussicht auf Profit geschmälert wird. Tun Sie, was Sie nicht lassen können, aber ohne mich.«

»Mensch, Lausitz!«, rief Felix und um ein Haar hätte er ihn an den Schultern gepackt, um ihn durchzuschütteln. »Ich hab die gesamte Kundenkartei der *Factory*. In drei Wochen sind Prospekt und Homepage fertig.«

Lausitz schüttelte zweifelnd den Kopf. Wie Felix mit ein paar windigen Zeichnungen und einer rechtlich mehr als zweifelhaften Ausgangslage so schnell auf dem Markt sein wollte, war ihm schleierhaft.

Doch Felix war in seinem Elan nicht zu bremsen. »Sobald Sie die rechtliche Lage mit der *ACF* im Griff haben, stehe ich mit einem Lastwagen voller Accessoires vor der Tür«, versprach er. »Und jetzt kommen Sie erst einmal mit hoch. Sie müssen mir helfen, den neuen Schreibtisch an die richtige Stelle zu rücken.«

Da Lausitz noch immer zögerte, nahm Felix ihn am Arm und zog ihn mit sich ins Haus. »Wenn es nicht läuft, können Sie immer noch aussteigen«, sagte er. Während sie nach oben gingen, redete sich Felix immer mehr in Euphorie hinein, auch um seine eigenen Zweifel zu bekämpfen. Während sie den neuen Schreibtisch von einer Ecke in die andere schoben, bis sie den richtigen Platz dafür gefunden hatten, erzählte Felix wortreich von seinem Vorhaben, Taschen in Taiwan fertigen zu lassen und von seinem Besuch im Labor eines französischen Parfumherstellers, wo er einen Duft ausgesucht hatte, der seinen Namen tragen sollte. Ein wenig süß, ein wenig herb, aber vor allem: männlich und unwiderstehlich.

Am Ende konnte Lausitz mal wieder Felix' geballter Überzeugungskraft nicht widerstehen. Er rollte seine Hemdsärmel herunter und erklärte sich bereit, für drei Wochen im Boot zu bleiben. »Bis dahin müssten Ihre Verwandten mit einer einstweiligen Verfügung zugeschlagen haben. Wenn Sie das überleben, bin ich dabei.«

Erfreut klopfte Felix ihm auf die Schulter. Nun war es an der Zeit, über Geld zu sprechen. Unter zweieinhalb Millionen bräuchten sie nicht anfangen, meinte Felix, er selbst hätte sechshundertfünfzigtausend und hoffte, auch Roland für seine Idee begeistern zu können. Lausitz zeigte sich optimistisch, weitere Geldgeber auftreiben zu können, was Felix mit großer Befriedigung zur Kenntnis nahm.

Lausitz sah auf die Uhr. Es war höchste Zeit für ihn, wenn er das Flugzeug nach Frankfurt noch erwischen wollte. Die beiden Männer verabschiedeten sich mit einem Handschlag. Schon ein komischer Vogel, dachte Felix, einerseits beinhart und dann doch wieder leicht rumzukriegen.

Felix setzte sich hinter seinen neuen Schreibtisch, lehnte sich zurück und verschränkte die Hände hinter dem Kopf. Endlich war er sein eigener Herr. Niemand konnte ihn mehr bevormunden, auch eine Lena Czerni nicht.

Lena war näher, als Felix vermutete. In der Hoffnung, ihn bei seinem Vater zu finden, war sie zuerst zu dessen Haus gefahren, hatte jedoch von Wilhelm erfahren, dass er schon früh morgens zu seiner Augsburger Wohnung aufgebrochen sei, weil er irgendeine Lieferung erwartete.

Während Felix sich dem Wohlgefühl seiner neuen unternehmerischen Freiheit hingab, ging Lena mit eiligen Schritten auf das Haus, in dem Felix' Wohnung war, zu. Sie hatte die Wut über sein eigenmächtiges Handeln noch immer nicht verdaut. Zudem ärgerte sie, dass er ihrer eigenen Idee zuvorgekommen war. Auch sie hatte schon daran gedacht, die Produktpalette mit Modeaccessoires abzurunden. Doch diese sollten in Qualität und Design mit der Mode auf einer Ebene und kein billiger Ramsch sein.

Der Atem stockte Lena, als sie das Schild neben dem Hauseingang sah. Ziemlich protzig für jemanden, der nur auf dem Trittbrett mitfahren möchte, dachte sie. In diesem Moment ging die Haustür auf und unvermittelt stand Dr. Lausitz vor ihr. Er war mindestens ebenso erstaunt über das Zusammentreffen wie sie.

»Das ging aber schnell«, sagte er. »Wie finden Sie das Schild? Ich persönlich mag es lieber etwas dezenter.«

»Sie nennen Ihre Raubrittermethoden dezent?«, fragte Lena, fassungslos über so viel Dreistigkeit.

Lausitz verwahrte sich gegen den Vorwurf. »Nur dem rüden Umgang Ihres kaufmännischen Leiters haben Sie die Konfrontation zu verdanken. Wir wollten den

Kuchen mit Ihnen teilen, aber jetzt müssen wir ihn wohl alleine essen.«

»Soll das heißen, Sie sind an diesem Unsinn beteiligt?«

Lausitz setzte ein höhnisches Lächeln auf. »Wenn Sie es für Unsinn halten, Frau Czerni«, gab er zurück, »warum sind Sie dann hier?« Er grüßte, wandte sich ab und ging davon. Was für ein arroganter Widerling! Dass Felix mit so jemandem gemeinsame Sache machte, war vielleicht die noch größere Enttäuschung.

Mit einer Mordswut im Bauch stieg Lena die Treppe hinauf und klingelte. Felix war nicht erstaunt, sie hier zu sehen. Nur so schnell hatte er nicht mit ihr oder jemand anderem aus der Firma gerechnet. Er versuchte sie abzuwimmeln, doch ohne Erfolg. Lena schob sich einfach an ihm vorbei in die Wohnung und stieg auch gleich die schmale Wendeltreppe, die die beiden Wohnebenen verband, hinauf. Mit einem raschen Blick erfasste sie die Veränderungen, allem voran den großen Schreibtisch.

»Jetzt ist die Sache doch da, wo ich sie *nicht* haben wollte«, sagte Felix, als er ebenfalls oben ankam, »auf der persönlichen Ebene. Was glaubst du, wieso ich Lausitz zu Holzknecht geschickt habe?«

Lena fuhr herum und sah ihn verständnislos an. Was war es denn sonst, wenn nicht persönlich? Er versuchte, aus ihrer Arbeit Profit zu schlagen, nahm dabei billigend in Kauf, dass der gute Ruf, den sie und ihre Produkte sich erworben hatten, durch wertlosen Ramsch vernichtet wurde. »Es ist für dich genauso persönlich wie für mich«, sagte sie. »Du hasst neuerdings alles, was mit Althofer zu tun hat, und willst uns auf diese Weise nur eins auswischen.«

Felix lächelte überlegen. Das war mal wieder typisch Lena. Schon möglich, dass seine jüngsten Erfahrungen mit der Familie und der Firma nicht die besten waren, auch möglich, dass er daraus gefühlsmäßige Vorbehalte hatte. Doch bei seinem neuen Unternehmen wollte er einfach nur eins: möglichst schnell möglichst viel Geld verdienen. »Es sieht doch so aus«, sagte er. »Ihr habt einfach eine Geschäftsidee verschlafen. Ich war schneller und deshalb seid ihr sauer auf mich.«

Das war ja der Gipfel! Sich die Zeit zu nehmen, eine Idee erst reifen zu lassen, hieß doch nicht, etwas zu verschlafen. »Ich bin sauer auf dich, weil du dich an meinen Erfolg ranhängen willst«, versetzte Lena aufgebracht. »Ich habe *Althofer* zu dem gemacht, was es heute ist – und zwar gegen den Widerstand der Familie.«

»Ich war nie gegen dich«, widersprach Felix.

»Du warst nur ein cleverer Opportunist und hast dich nach allen Seiten abgesichert. Daraus das Recht abzuleiten, mir und der *Fashion Factory* einen profitablen Geschäftszweig abzuzocken, ist schon ganz schön verwegen.«

Felix hörte ihre letzten Worte kaum, er hatte noch daran zu kauen, dass sie ihn einen Opportunisten genannt hatte. Das tat weh. Sicher, er hatte nie einen Hehl daraus gemacht, dass er vor allem deshalb auf sie gesetzt hatte, weil er in ihrer Kreativität die einzige Zukunft von *Althofer* gesehen hatte. Aber er hatte sie daneben auch wirklich gern gehabt, wie eine Schwester eben. Tempi passati.

»Wenn sich hier jemand was erschlichen hat, dann doch wohl du«, sagte er, erstmals so sehr gereizt, dass seine coole Fassade Risse bekam. »Du bist aufs Trittbrett gesprungen und hast dich langsam in die erste Klasse vorgemogelt. Ohne *Althofer* wärst du gar nichts. Und ich bin ein Althofer, klar? Wenn ich will, kann ich meinen Namen auf Kloschüsseln drucken lassen.«

Lena wandte sich ab. Sie erblickte einen kleinen Flakon auf seinem Schreibtisch, nahm und öffnete ihn, roch daran. Apropos Kloschüssel, dachte sie und drehte sich wieder zu ihm um. »Du willst das doch hoffentlich nicht unter dem Namen *Althofer* verkaufen?«

Statt einer Antwort nahm Felix ihr das Fläschchen aus der Hand, verschloss es und stellte es weg. Lena mochte als Kreative ganz brauchbar sein, aber vom Geschäft verstand sie nichts. Heutzutage kam es doch immer weniger auf das Produkt an, als vielmehr auf das Lebensgefühl und das Image, das dadurch vermittelt wurde.

»Ich hab aus gutem Grund gewartet, bevor ich mich in dieses Abenteuer stürze«, fuhr Lena, im Ton nun etwas ruhiger, fort. »Wir stehen ganz am Anfang. Unser Erfolg muss nicht ewig anhalten. Wir sollten uns erst mit dem, was wir bisher begonnen haben, langfristig etablieren, bevor wir etwas Neues starten. Drum bitte ich dich, Felix, lass die Finger davon. Wenigstens so lange, bis wir eine gemeinsame Lösung gefunden haben.«

»Ich wollte eine gemeinsame Lösung«, sagte er. »Und gerade weil ihr heute oben seid und morgen schon wieder unten sein könnt. Morgen ist der Name *Althofer* vielleicht schon nichts mehr wert.«

Verständnislos schüttelte Lena den Kopf. Sie erkannte, dass es aussichtslos war. Ohne ein weiteres Wort ging sie zur Treppe, wandte sich dort noch einmal um, sah ihn erst traurig, dann zunehmend ärgerlich an. »Wir werden alles tun, um zu verhindern, dass du uns mit deinem Ramsch schadest«, drohte sie.

»Nur zu«, entgegnete Felix kühl. »Bin schon gespannt, was Straubinger einfällt.«

»Felix …«, sagte sie geradezu flehend. Sie wollte diesen Streit nicht.

Er wandte sich ab. Es war alles gesagt. Wortlos verließ Lena Felix' Wohnung.

Silke wusste kaum, was sie sagen sollte. Noch nie in ihrem Leben war sie so glücklich gewesen. Und Roland? Für ihn hatte sich der größte Wunsch seines Lebens erfüllt: Er war mit Silke vereint. Die beiden kamen vom Standesamt, wo sie ihren Bund besiegelt hatten, zurück in ihr kleines Häuschen. Für den Abend war ein kleines Fest mit Freunden und Bekannten, die sie im Laufe ihres Aufenthalts hier kennen gelernt hatten, geplant. Es waren einfache Menschen: Marili, das Mädchen, das sie mit Lebensmitteln versorgte, der Vermieter des Hauses mit seiner Familie, ein paar Fischer und Handwerker, die Roland bei der Instandsetzung des morschen Ruderbootes geholfen hatten. Sie alle waren eingeladen und bildeten eine Hochzeitsgesellschaft, die dem Brautpaar in allem genügte.

Bis zum Eintreffen der Gäste war jedoch noch etwas Zeit. Roland bat Silke, ins Boot zu steigen, er wollte ihr etwas zeigen, mehr verriet er nicht. »Ich hab auch eine

Überraschung für dich«, sagte Silke kaum weniger geheimnisvoll.

Was er ihr zeigte, war tatsächlich bestaunenswert. Eine Grotte, in der das Wasser azurfarben leuchtete. Wie der Tempel einer namenlosen Meeresgöttin sah sie aus. Roland hatte alles für ein Picknick mitgebracht und breitete dieses nun vor ihr aus. Silke war überwältigt vor Glück.

Sie ließ sich auf dem weißen Tuch nieder, nahm eine Weintraube und aß sie. Dabei betrachtete sie Roland, der Käse, Brot, Oliven, kalten Lammbraten und noch allerlei ausbreitete, mit liebevollem Blick. Schließlich wusste sie der Übermacht ihrer Gefühle nicht anders abzuhelfen, als dass sie ihn überraschend an sich zog und küsste.

Bevor sie mit dem Essen begannen, griff Roland in seine Hosentasche, holte eine schmale lange Schatulle heraus und reichte sie ihr. Silke öffnete sie. Es befand sich eine Kette darin, an deren Ende ein blauer Stein baumelte. »Keine Ahnung, wie der Stein heißt«, sagte Roland, »aber man sagt, dass er Glück bringt.«

»Er ist wunderschön«, entgegnete sie. »Legst du mir die Kette um?«

Nur allzu gerne kam er ihrem Wunsch nach. Dann schloss er die Arme um ihren Bauch. Gemeinsam sahen sie durch den Eingang der Grotte hinaus aufs Meer.

»Ich hab auch ein Geschenk für dich«, sagte Silke nach einer Weile, löste sich aus seiner Umarmung und wandte sich um. »Es ist zwar nichts zum Anfassen, aber trotzdem sehr schön.«

»Was ist es?«, fragte Roland erwartungsvoll.

»Dein Roman ist angenommen worden. Du sollst sobald wie möglich nach München kommen.«

»Das gibt's doch nicht«, entfuhr es Roland. Er war fest davon ausgegangen, dass der Literaturagent das Manuskript ablehnen würde.

Silkes Begeisterung war größer als seine. »Ich hab's dir doch gesagt. Das Buch ist gut und könnte sogar ein Bestseller werden.«

Allmählich glaubte sogar Roland an einen Erfolg. Der würde freilich weniger mit der literarischen Qualität, viel jedoch mit dem mittlerweile bekannten Namen Althofer zu tun haben. Und der Agent war gerissen genug, das zu erkennen.

Doch im Moment zählte das nicht für Roland. Silke war glücklich, das war das Wichtigste. Er zog sie wieder an sich und küsste sie.

Das Gespräch mit Felix hatte Lena weit tiefer getroffen, als es ihr im ersten Moment bewusst gewesen war. Er war auch früher kein Heiliger gewesen, doch die guten Seiten hatten an ihm überwogen. Sie hatte ihn gemocht. Anders als bei Roland hatte sie bei ihm wirklich das Gefühl gehabt, einen Bruder gefunden zu haben. Doch jetzt schienen die Gefühle Vergangenheit zu sein.

Nachdem sie Waltraud vom Gespräch mit Felix erzählt hatte, wollte sie auch Wilfried Holzknecht Bericht erstatten. Doch als sie ins Vorzimmer zu Marion Stangl kam, musste sie erfahren, dass Holzknecht vor kurzem zum Sportflughafen aufgebrochen war, wo Andreas Straubinger und Cornelia in Kürze landen würden, um mit ihm sofort über die Probleme mit Felix und über juristische Schritte zu sprechen.

»Stellen Sie sich vor, wer eben angerufen hat«, sagte Marion Stangl dann. »Roland Althofer.«

Lena zog erstaunt die Brauen hoch. »Und was wollte er?«

»Er bat mich, für ihn einen Flug von Athen nach München zu buchen.«

»Dann kommt er also zurück?«

»Sieht ganz so aus.«

Lena verließ das Büro. Da Rolands Rückkehr keine absehbaren Auswirkungen auf die Firma hatte, nahm sie die Neuigkeit gelassen auf. Auf dem Weg zum Ausgang sah sie auf die Uhr. Schon so spät, dachte sie. Birgit hatte sie gebeten, in die Villa zu kommen, genau wie Waltraud, Natalie und Uwe. Angela hätte eigentlich auch dabei sein sollen, doch die war mit Klein-Florian zum Flugplatz gefahren, um Cornelia zu begrüßen. Birgit wollte die Premiere ihres ersten Werbespots feiern, der an diesem Nachmittag laufen sollte.

Im Wohnzimmer der Villa waren die anderen schon versammelt, der Fernseher lief bereits. Birgit hatte Gläser und Getränke bereitgestellt, darunter auch ein paar Flaschen Champagner, dazu Knabberzeug. Lena fand das ein wenig überzogen. Schließlich war es nur ein Werbespot. Sie konnte ja nicht ahnen, welche Überraschung sie erwartete.

Nach einer Weile nahm Birgit ihr Glas und bat um Ruhe. Dann meinte sie: »Wir sind hier, um die Erstausstrahlung unseres TV-Spots zu feiern. Aber das ist nicht der einzige Grund, weshalb ich euch hierher gebeten habe. Es gibt noch etwas anderes zu feiern. Wie ihr wisst, wird in New York jedes Jahr der *Annual Fashion Award* vergeben. Mit diesem Preis wird der erfolgreichste Newcomer ausgezeichnet. Und dieses Jahr ist eine gewisse Lena Czerni nominiert!«

»Lena?«, rief Natalie begeistert aus. »Das ist ja irre.« Sie eilte sofort zu ihrer Freundin, um zu gratulieren.

Lena war selbst ziemlich überrascht. Ihr war natürlich klar, dass allein schon eine Nominierung ein erheblicher Prestigegewinn in der Branche und insbesondere bei den betuchten Kunden war.

Obwohl sie wusste, was sie in den letzten Jahren geleistet hatte und dass sie sich damit nicht vor der Konkurrenz zu verstecken brauchte, hatte sie nicht ernsthaft mit einer Nominierung gerechnet, denn sie hatte sich bei keinem der maßgeblichen Modekritiker Liebkind gemacht. Das war bei solchen Preisvergaben jedoch so gut wie unerlässlich, wollte man erfolgreich sein. Umso höher war die Nominierung zu bewerten.

Nach Natalie kamen auch die anderen herbei, um zu gratulieren. Birgit wartete bis zum Schluss. Dann drückte sie Lena an sich und gab ihr einen Kuss auf die Wange. »Der Anruf kam heute Mittag«, teilte sie mit. Ihre dunklen Augen glänzten. »Du hast es geschafft, Lena! New York! If you can make it there, you'll make it anywhere!«

Obwohl Lena sich natürlich freute, konnte sie dieser Freude kaum Ausdruck geben, schon weil das Gespräch mit Felix sie noch immer belastete. Es würde noch ein wenig dauern, bis die gute Nachricht wirklich bei ihr angekommen war.

»Seid mal still!«, rief plötzlich Waltraud in die ausgelassene Runde. Sie starrte mit wachsender Fassungslosigkeit auf den Fernseher, wo das Wrack einer abgestürzten Cessna zu sehen war.

»Auf dem Augsburger Sportflughafen ist ein einmotoriges Flugzeug aus bisher ungeklärter Ursache abgestürzt«, sagte der Nachrichtensprecher aus dem Off, während rauchende Flugzeugteile gezeigt wurden. »An Bord der Maschine befand sich, wie bekannt gegeben wurde, die Konzertpianistin und Schirmherrin eines bekannten Behindertenhilfswerkes Cornelia Althofer sowie ihr Ehemann Andreas Straubinger, der, wie es heißt, das Flugzeug steuerte. Beim Landeanflug stürzte die Maschine aus etwa vierzig Metern Höhe ab. Beide Insassen schweben in akuter Lebensgefahr. Sonst kam niemand zu Schaden.«

Während dieser Worte kamen die wartenden Angehörigen und Freunde ins Bild, die zu Zeugen des schrecklichen Ereignisses geworden waren: Dr. Holzknecht, der einer völlig schockierten Angela den Arm um die Schultern legte, Hedda mit Klein-Florian, sorgsam bemüht, dass das Kind nichts von dem Unglück mitansehen musste. Außerdem noch andere zufällig auf dem Flughafen anwesende Besucher. Danach war der Sanitätswagen zu sehen, in den Cornelia eingeladen wurde.

Der Schock war auch in der Villa groß. Natalie brach in Tränen aus, Lena hatte nicht einmal mehr genug Kraft, das Glas, das Birgit ihr eben in die Hand gedrückt hatte, zu halten. Es fiel zu Boden und zerbrach. Birgit wurde weiß wie eine Wand.

Dann wich die Erstarrung von Lena. Der erste Gedanke, der ihr in den Sinn kam: Ich muss zu ihr. Sie rannte aus der Villa. Birgit folgte ihr und holte sie bei ihrem Wagen ein. »Du bist nicht in der Verfassung, Auto zu fahren«, sagte sie besorgt. »Lass mich fahren.«

Lena war wie in Trance. Als habe sie nicht gehört, schloss sie den Wagen auf und setzte sich hinein. Birgit stellte sich vor sie, so dass sie die Tür nicht schließen konnte. Tränen schimmerten in Lenas Augen.

»Cornelia lebt doch«, sagte Birgit. »Sie wird das schaffen. Du kennst sie doch. Sie kriegt immer, was sie will.«

Immer mehr füllten Lenas Augen sich mit Tränen, sie rollten über ihre Wangen. Dieses Bild: Cornelia auf der Trage, blutverschmiert, ihr verletzter Körper notdürftig unter einer Decke verborgen – nie mehr im Leben würde dieses Bild sie verlassen. Erst jetzt begriff sie, wie nah Cornelia ihr war, was sie für sie empfand. »Ich muss da hin!«, rief sie und sah Birgit flehend an.

»Was willst du denn dort? Sie ist längst im Krankenhaus. Sieh es doch ein: Im Moment kannst du nichts für sie tun.«

Diese Hilflosigkeit war es ja, die Lena so sehr quälte. Sie musste etwas tun, selbst wenn es keinen Sinn hatte.

In diesem Moment kam Wilfried Holzknechts Wagen auf den Firmenhof gefahren und hielt vor der Villa an. Angela sprang als Erste heraus und lief zu Lena. Sie war wieder ausgestiegen und nahm Angela sogleich in den Arm. Sie konnte nicht reden, schluchzte nur.

Wilfried Holzknechts Gesicht war noch gezeichnet von dem unfassbaren Unglück, dessen Zeuge er geworden war. »Sie haben es gehört …?«, fragte er Birgit. Seine Stimme klang brüchig und schwach. Einen Mann wie ihn konnte wenig irritieren. Jetzt aber war er zutiefst erschüttert.

»Es kam eben im Fernsehen«, sagte Birgit. »Wie schlimm ist es?«

Holzknecht machte eine Handbewegung, die sagen sollte: Es sieht nicht gut aus.

»Wir standen da«, schluchzte Angela, die sich wieder etwas gefasst hatte, »Florian und ich … mit unseren Blumen, die wir gepflückt hatten … für seine …«

»Wo ist Florian?«, wollte Lena wissen.

»Hedda hat ihn mitgenommen. Er war so gut drauf … hat gelacht …« Trauer und Schmerz schnürten ihr wieder die Kehle zu, sodass sie nicht weitersprechen konnte.

Lena wandte sich an Birgit. »Kümmerst du dich um Angela?«, bat sie. Angela jedoch schlang ihre Arme wieder fester um Lena. Sie wollte nicht, dass Lena ging. Doch sie löste sich sanft, aber bestimmt von ihr. »Bitte, Angela! Ich muss!«

»Du kannst in dem Zustand nicht fahren«, wiederholte Birgit ihren Einwand.

»Ich fahre Sie!«, sprang Wilfried Holzknecht bei.

Birgit gefiel das gar nicht. Sie wollte Lena in diesen schwierigen Stunden beistehen. Doch die Sache war entschieden. Lena stieg in Holzknechts Wagen.

In rasantem Tempo fuhr Holzknecht durch die Stadt und legte vor dem Eingang des Krankenhauses eine heftige Bremsung hin. »Gehen Sie schon mal rein«, sagte er, »ich parke den Wagen und komme nach.« Dankbar sah Lena ihn an. Dann stieg sie aus.

Vor der Unfallchirurgie wartete Wilhelm. Er hatte aus dem Radio vom Unfall erfahren, kurz darauf hatte ihn auch schon Hedda angerufen, um ihm mitzuteilen, in welcher Klinik ihre Tochter lag. Sogar am Telefon war zu erkennen gewesen, wie sehr Hedda um Fassung rang. Sie behielt sie, denn sie hatte einen Willen wie Stahl. Wilhelm hätte gewünscht, ihr Wille wäre zuweilen nicht so stählern gewesen. Vor zehn Minuten hatte sie mit dem Jungen das Krankenhaus verlassen.

»Wie geht es ihr?«, wollte Lena sofort wissen.

Wilhelm zuckte die Schultern. »Sie operieren noch.«

Selten zuvor war Wilhelm Lena so zerbrechlich erschienen. Er wirkte, als könne er sich kaum auf den Beinen halten. Sie schob ihre Hand unter seine Achsel und brachte ihn zu einer Reihe von Stühlen.

»Ach, Lena«, sagte er, nachdem er sich gesetzt hatte, »hört das Unglück denn nie auf?« Sein Rücken war gebeugt, er stützte die Ellbogen auf die Knie, nahm den Kopf in die Hände, so als wolle er sich in sich selbst vergraben, um dem Unglück zu entgehen. Dann erhob er sich wieder und sagte: »Wenn ich nur wüsste, wie man betet. Aber alles, was ich denken kann, ist: Oh, mein Gott … oh, mein Gott …«

Lena legte ihren Arm um seine Schultern, lehnte ihren Kopf an den seinen, flüsterte ihm ins Ohr: »Das ist ein Gebet, Wilhelm. Das ist ein Gebet.«

Doch es brachte keinen Trost. Wilhelm fühlte sich

allein in seiner Verzweiflung. Nur Lenas Zuwendung verhinderte, dass er sich ganz aufgab.

Die Tür zum Operationssaal wurde aufgeschoben, ein Arzt kam heraus. Er trug noch den Mundschutz, nahm ihn jetzt aber ab. Wilhelm und Lena fuhren hoch und eilten zu ihm. »Wie geht es den beiden?«, kam es wie aus einem Mund.

Die Sorgenfalten auf der Stirn des Arztes waren tief. »Wir haben die beiden stabilisiert«, sagte er, »aber ich will Ihnen keine großen Hoffnungen machen. Seien Sie auf das Schlimmste gefasst.«

»Was …?« Mehr brachte Lena nicht heraus. Ihr war, als habe ihr Herz zu schlagen aufgehört. Sie spürte ihren Körper kaum noch.

»Wenn Frau Althofer es schaffen sollte, dann wird sie von der Hüfte an gelähmt sein.« Das Mitgefühl in den Augen des Arztes war unverkennbar. Er hätte lieber eine bessere Nachricht überbracht. Er riet den beiden, nach Hause zu fahren und sich auszuruhen, hier gäbe es im Moment nichts für sie zu tun. Dann kehrte er zurück in den Operationssaal.

Lena und Wilhelm umarmten sich, trösteten sich, so gut es ging. Keiner der beiden schämte sich seiner Tränen.

Im Laufschritt kam Wilfried Holzknecht den Gang hinab. Er sah Vater und Tochter in der Umarmung. Da er nicht stören wollte, blieb er in einigem Abstand stehen. Ihm wurde das Herz eng. Er hatte Cornelia zwar kaum gekannt und mit Andreas Straubinger nur gelegentlich geschäftlich zu tun gehabt, doch auch ihm ging dieses Unglück sehr nahe.

Als die beiden Trauernden sich voneinander lösten, ging Holzknecht zu ihnen. Lena setzte ihn mit wenigen, brüchigen Worten ins Bild. Da ihm kein passender Trost einfiel und Floskeln ihm unpassend erschienen, schwieg er einfach. Für Lena zeigte gerade dieses Schweigen seine Sensibilität.

Wilhelm bestand darauf, selbst nach Hause zu fahren, obwohl Holzknecht anbot, ihn heimzubringen. Auch Lenas Angebot, ihn zu begleiten, notfalls auch die Nacht bei ihm zu bleiben, schlug er aus, zumal ja Felix noch immer bei ihm wohnte. »Der arme Junge weiß noch gar nicht, was passiert ist«, sagte er. »Ich hab versucht, ihn zu erreichen. In seiner Stadtwohnung ist er nicht und sein Handy ist abgeschaltet.«

Lena hatte eine andere Erklärung. Schon nach Wilhelms Schlaganfall hatte Felix sich zurückgezogen und lange gebraucht, bis er sich endlich ans Krankenbett seines Vaters getraut hatte. Er ging der manchmal grausamen Realität des Lebens so lange wie möglich aus dem Weg.

Holzknecht brachte Lena zurück zur Villa. Es war inzwischen dunkel geworden. Drinnen brannte Licht. Kaum hatte der Wagen gehalten, kam Waltraud heraus. Sie hatte wohl am Fenster stehend auf Lenas Rückkehr gewartet. Nun öffnete sie für Lena die Autotür.

Holzknecht stieg ebenfalls aus, kam um den Wagen herum. Lena von ihren Freunden gut versorgt zu wissen, beruhigte ihn. Dennoch hätte auch er gerne mehr für sie getan, wäre er gerne mehr für sie gewesen. »Falls Sie mich brauchen«, bot er an, »können Sie mich jederzeit anrufen.«

»Danke.«

Lena hielt ihm die Hand hin. Er nahm und drückte sie. Sie war kalt, fühlte sich aber dennoch nicht unangenehm an. Er wartete noch, bis Lena und Waltraud in der Villa waren. Dann fuhr auch er nach Hause.

Vermächtnis

Auch Felix hatte der Flugzeugabsturz seiner Schwester und ihres Mannes tief erschüttert. Er hatte eine Weile gebraucht, bis er sich dazu durchringen konnte, sie im Krankenhaus zu besuchen, und war, nachdem er es getan hatte, erleichtert. Nicht über den Zustand seiner Schwester, denn der war nach wie vor Besorgnis erregend. Aber darüber, dass er nicht gekniffen hatte.

Doch so schwer das persönliche Schicksal auch wog, Felix ließ seine geschäftlichen Interessen dennoch nie aus den Augen. Wie sollte er auch, nachdem Dr. Holzknecht eine einstweilige Verfügung erwirkt und sein Geschäft vorerst lahm gelegt hatte. Der Anfang eines langen und teuren Rechtsstreites, wie man vermuten durfte. Doch Felix glaubte noch immer an die Möglichkeit einer gütlichen Einigung. Vielleicht, so rechnete er, hatte Cornelias Unfall sogar etwas Gutes: indem er Lena milde und versöhnlich stimmte, sodass sie zu einem Kompromiss bereit war. Aus diesem Grund hatte er ihr für diesen Morgen seinen Besuch angekündigt.

Als er aus dem Wagen stieg, kam Angela mit ihrem Hund Rudi aus der Villa. Auf Felix' Nachfrage teilte sie mit, Lena sei in der Klinik. »Ich soll Ihnen ausrichten, dass Sie in dieser Angelegenheit ausschließlich mit Dr. Holzknecht verhandeln sollen.«

Verärgert zog Felix die Mundwinkel nach unten. Aber so leicht wollte er sich nicht geschlagen geben. Während Angela und Rudi ihrer Wege gingen, lief er in die Villa. Birgits Wagen stand vor der Tür, also war sie vermutlich da.

Richtig. Sie saß im Wohnzimmer und telefonierte, war aber schon so gut wie fertig. Als sie Felix erblickte, verfinsterte sich ihre Miene. Er holte die einstweilige Verfügung, die man ihm zugestellt hatte, aus seiner Aktentasche und hielt sie ihr unter die Nase. Sie warf nur einen flüchtigen Blick darauf. »Hast du geglaubt, wir sehen tatenlos zu, wie du uns die Butter vom Brot nimmst?«, sagte sie nur und ging an ihm vorbei zu einem großen Spiegel, um mit einem letzten prüfenden Blick den richtigen Sitz ihres Kostüms und die Makellosigkeit ihres Make-ups zu überprüfen.

»Glaub ja nicht, ich finde mich einfach damit ab«, erklärte Felix.

»Tu, was du nicht lassen kannst. Aber vielleicht hast du wenigstens Anstand genug und wartest, bis es deiner Schwester wieder besser geht.« Sie hatte ihre Aktentasche genommen und durchquerte den Raum in Richtung Tür.

Felix blieb ihr auf den Fersen. »Das hat mit Anstand nichts zu tun«, sagte er. »Jeder Tag, den ich verliere, kostet mich eine Stange Geld.«

Birgit blieb kurz stehen und sah ihn an. Er ging ihr auf die Nerven. Was wollte er überhaupt hier? »Ein Prozess wird dich noch mehr kosten. Und wir werden das vor Gericht ausfechten, darauf kannst du dich verlassen.«

»Wir werden ja sehen, wer den längeren Atem hat«, versetzte er mit wachsendem Groll. Ihre herablassende Art ging ihm gewaltig gegen den Strich. Was glaubt sie eigentlich, wer sie ist?, dachte er. Ich habe noch genügend Pfeile im Köcher, täusche dich nicht! Sie verließen gerade die Villa, da sagte er: »Roland ist in der Stadt. Mit seiner frisch gebackenen Ehefrau.«

Birgit erschrak. Das hatte gesessen. Wieder spürte sie, dass die Wunde, die das Scheitern ihrer Ehe mit Roland in ihr hinterlassen hatte, noch längst nicht verheilt war. Sprachlos stand sie da, bemüht, die Fassung zu wahren.

Felix genoss seinen Triumph. »Er ist seit gestern hier. Er arbeitet mit einem Verlagslektor an seinem Roman. Lausitz und ich wollen ihn mit ins Boot holen. Sein Roman dürfte ein Flop werden und dann muss er ja irgendwas tun. Und mit seinem Geld ist unsere Kriegskasse groß genug, um euch das Hemd auszuziehen.«

Birgit hatte genug gehört. Der erste Schreck war verdaut. Ohne ein weiteres Wort ging sie davon. Sie wollte nicht über Roland reden, schon gar nicht mit Felix. Sie hatte ihm auch nichts mehr zu sagen.

Felix blieb zurück. Sie in ihrem Stolz gedemütigt zu

haben, bereitete ihm eine tiefe Genugtuung. Und es sollte nicht die letzte Demütigung gewesen sein, die er ihr bereiten wollte. Was allerdings die Sache mit Roland anging, so hatte er reichlich übertrieben. Es war keineswegs sicher, dass sein Bruder sich an seinem windigen Vorhaben beteiligen würde. Eigentlich hatte er noch gar nicht mit ihm darüber gesprochen. Das hatte er Lausitz überlassen.

Das Taxi hielt vor dem Mietshaus, in dem Silke ihre Wohnung hatte. Roland steckte dem Fahrer einen Schein nach vorne und nahm sein in einen Umschlag gepacktes Manuskript und den Strauß Rosen, den er für Silke besorgt hatte. Die Arbeit am Roman war umfangreich, ging aber zügig voran. Und Silke war die beste aller Ehefrauen. Cornelias Unfall trübte jedoch sein Glück.

Umso überraschter war Roland, als ihm wenig später nicht seine Frau, sondern Dieter Lausitz die Tür öffnete. Im ersten Moment wusste er nicht, wie er das verstehen sollte, doch Lausitz beruhigte ihn sogleich. Er war nicht wegen Silke hier, sondern wollte mit ihm sprechen. Lausitz hatte ebenfalls rote Rosen mitgebracht, was der Situation eine ungewollte Komik verlieh.

Doch Roland konnte nicht darüber lachen. Als Silke gleich darauf aus dem Bad kam, fragte er sie, was das sollte, und wies mit der Hand auf Lausitz. Sie bestätigte, dass Lausitz mit ihm etwas zu besprechen hatte, ließ sich auf das Verfängliche der Situation nicht ein, sondern drängte die beiden Männer, im Wohnzimmer ihre Geschäfte zu besprechen, während sie eine Kleinigkeit zu essen vorbereitete.

Nachdem sie sich ins Wohnzimmer gesetzt hatten, versicherte Lausitz, dass seine frühere Beziehung zu Silke abgeschlossen sei. Das stimmte zwar, aber in seinem Inneren hoffte er immer noch, Silke für sich zu gewinnen. Doch im Moment standen wichtigere Dinge auf der Tagesordnung.

Zunächst wollte Lausitz Roland über die Veränderungen bei *Althofer* ins Bild setzen, doch der fiel ihm sogleich ins Wort, erklärte, die Firma interessiere ihn nicht, er sei nur wegen seines Romans und seiner Schwester hier. Daraufhin kam Lausitz endlich auf den Grund seines Besuches zu sprechen. »Ich soll Ihnen im Auftrag Ihres Bruders ein Angebot machen. Er will, dass Sie als Partner in seine neu gegründete Firma einsteigen.« Er zog einen Prospekt, den er für mögliche Investoren zusammengestellt hatte, heraus und reichte ihn Roland.

»Felix Althofer Design«, las dieser ungläubig und blätterte durch die wenigen Seiten. Die Zahlen waren phänomenal. Mit einem Startkapital von zwei Millionen Euro seien angeblich Umsatzsteigerungen von zwanzig, wenn nicht dreißig Prozent zu erwirtschaften. Zahlen, von denen andere nur träumen konnten. Deshalb war es für Roland gar nicht so abwegig, wieso Felix damit zu ihm kam. »Wenn diese Zahlen nicht völlig aus der Luft gegriffen sind«, sagte er und gab Lausitz die Broschüre zurück, »werfen ihm die Banken das Geld doch nur so nach.«

»Es gibt einen kleinen Haken«, gab Lausitz zu. »Die

ACF AG hat eine einstweilige Verfügung gegen Ihren Bruder erwirkt.«

Ein Lächeln schlich sich auf Rolands Gesicht. Lena wäre auch dumm gewesen, sich dieses Geschäft so einfach entgehen zu lassen. Wie er sie kannte, hatte sie längst eigene Pläne in der Schublade. Damit war auch klar, warum Felix sein Geld brauchte. Keine Bank lieh einem Geld, wenn endlose Prozesse mit ungewissem Ausgang ins Haus standen. Prozesse, die ihrerseits finanziert werden mussten. Typisch mein Bruder, dachte er, als Melkkuh bin ich ihm gut genug. »Das alles ist nicht mein Problem«, sagte er kühl.

»Sie müssen sich nicht sofort entscheiden«, beeilte Lausitz sich zu sagen, »Ihr Bruder wird Kontakt mit Ihnen aufnehmen. Aber ich merke schon … Sie wollen mit Ihrer Frau alleine sein, das verstehe ich.«

Die beiden standen auf. Lausitz' devote Art, in der immer etwas Spöttisches mitschwang, missfiel Roland. Die Aussicht, ihn als Partner in einer Firma zu haben, war Grund genug, Felix' Angebot abzulehnen, ganz abgesehen davon, dass die Brüder nie ein gutes Verhältnis zueinander gehabt hatten. Dennoch versicherte er Lausitz an der Tür, er werde mit Felix über die Sache sprechen.

»Wenn Sie mir noch eine private Bemerkung erlauben«, sagte Lausitz noch, als er eigentlich schon im Gehen war. »Mit Ihrer Frau haben Sie das große Los gezogen. Ich bewundere das, wie Sie zu ihr stehen. Aber Sie werden sich damit weder in Augsburg noch in Ihrer Familie Freunde machen. Deshalb sollten Sie die wenigen, die Sie haben, wie mich und Ihren Bruder, nicht vor den Kopf stoßen.«

Roland hatte begriffen, was er meinte. Das Schlimme daran war, dass Lausitz Recht hatte. In einer Stadt wie Augsburg würde Silke den Makel, einmal als Stripperin gearbeitet zu haben, niemals loswerden. Man würde nicht nur sie, sondern auch ihn meiden. Und in der Familie war Silke ebenfalls verhasst. Es stimmte schon, sie hatten niemanden hier. Aber gerade deshalb bestand Silke darauf, hier zu bleiben. Sie wollte es allen zeigen.

Nachdem Lausitz fort war, kam Silke aus der Küche. Sie war begierig zu erfahren, was ihr Mann und Lausitz besprochen hatten. Mit wenig Begeisterung erzählte Roland es ihr. Doch dann wollte er von der Sache nichts mehr wissen und berichtete von seiner Besprechung mit dem Verlagslektor. Dieser hatte den Vorschlag gemacht, den Handlungsort des Romans in einer fiktiven Stadt anzusiedeln. Das Buch hätte dann trotzdem noch Zündstoff genug.

Roland nahm Silke in den Arm. »Ich frage mich, ob es eine gute Idee ist, hier zu bleiben«, sagte er.

Ärgerlich zog Silke die Brauen zusammen. Sie hatte lange gebraucht, um ihn davon zu überzeugen, dass es besser wäre, nicht vor der Vergangenheit davonzulaufen. Wirklich überzeugt hatte sie ihn bis heute nicht, er blieb nur ihr zuliebe. Sie hatte keine Lust, diese Diskussion erneut zu beginnen.

»Es ist nicht meinetwegen«, fügte er hinzu, als er die Missstimmung an ihr bemerkte. »Die Leute hier werden dir deine Vergangenheit nie verzeihen.«

»Damit müssen wir leben. Und damit *werden* wir leben.«

Das Telefon klingelte. Die Störung kam Silke gelegen, denn so konnte sie das unliebsame Gespräch beenden. Sie nahm ab. Lena rief aus dem Krankenhaus an, um mit Roland zu sprechen.

Lena stand an einem öffentlichen Telefon, das in der Warteecke vor der Intensivstation angebracht war. Wilhelm war gerade zum Professor gegangen, um sich mit ihm über die weitere Behandlung seiner Tochter und seines Schwiegersohnes zu unterhalten. Er hatte Lena eigentlich verboten, Roland anzurufen, denn er hatte Angst vor dieser Begegnung. Dennoch bat Lena ihn, nun zu kommen. »Ich muss mich wenigstens ab und zu in der Firma blicken lassen und möchte nicht, dass Wilhelm allein hier ist«, sagte sie.

Roland erklärte sich sofort bereit zu kommen und erkundigte sich nach Cornelias und Andreas' Zustand. Lena teilte mit, dass Straubinger aus dem Koma erwacht war. Niemand traute sich, ihn über den wahren Zustand seiner Frau aufzuklären. »Ich muss aufhören«, sagte Lena da, denn sie sah Wilhelm zurückkehren. Sie bat Roland erneut, nur ja bald zu kommen. Er versprach es, woraufhin sie auflegte.

Dann eilte sie sogleich auf Wilhelm zu. Das Gespräch mit dem Professor hatte wenig Beruhigendes erbracht. »Wenn Cornelia heute nicht erwacht, wird sie nach München verlegt«, sagte er.

»Roland kommt gleich«, meinte Lena.

Wilhelm erschrak. Er glaubte nicht, die Kraft zu haben, ausgerechnet jetzt auch noch Roland zu begegnen. Er wollte Lena schon Vorwürfe wegen ihres eigenmächtigen Handelns machen, kam jedoch nicht dazu, denn sie ließ ihn erst gar nicht zu Wort kommen. »Er ist dein Sohn und Cornelia seine Schwester. Das musst du akzeptieren. Seine Frau hat damit nichts zu tun. Versuch, sie mit seinen Augen zu sehen. Und immerhin liebt er sie so sehr, dass er sie geheiratet hat.«

Wilhelm nickte. Lena hatte ja Recht. Trotzdem konnte er in dieser Frau kaum etwas anderes sehen als ein großes Unglück, das über Roland und die ganze Familie gekommen war. Lena verabschiedete sich von ihm, er blieb allein zurück. Sie wagte es nicht, sich nach ihm umzudrehen, denn sie wusste, dass der Anblick ihr das Herz brechen würde.

Seit Cornelias Unfall verbrachte Lena jede freie Minute im Krankenhaus, auch um Wilhelm beizustehen, der unter der Last dieses Schicksalsschlages zusammenzubrechen drohte.

Während sie davonging, wankte Wilhelm zu der Reihe von Plastikstühlen, die in einer Ecke standen, und setzte sich auf einen. Obwohl Straubinger schon seit über einer Stunde wieder bei Bewusstsein war, war Wilhelm noch nicht bei ihm gewesen. Was hätte er ihm sagen sollen? Schließlich hatte er ihm, durch Leichtsinn, wie aufgrund von Zeugenaussagen inzwischen bewiesen war, fast das Liebste, das er je gehabt hatte, genommen: seine Tochter. Und noch immer schwebte sie zwischen Leben und Tod. Andererseits wusste er, dass es nicht gerecht war, einen Menschen eines Fehlers wegen von sich zu stoßen. Die Dinge passierten eben, vieles war einfach Schicksal.

Nachdem er eine Weile so dagesessen hatte, raffte Wilhelm sich auf und ließ sich von einer Krankenschwester zu Straubinger bringen. »Erwarten Sie keine Reaktionen«, erklärte sie ihm, »er bekommt starke Schmerzmittel. Aber er kann Sie hören.« Dann ließ sie ihn allein.

Straubinger wirkte wie ein Gefangener wegen all der Schläuche und Drähte, die sein Überleben sicherten. Um den Kopf trug er einen Verband. Seine Augen waren geschlossen. Wilhelm trat an das Bett, schaute eine Weile schweigend auf ihn hinab. Mitgefühl und Zorn vermischten sich.

»War es das wert?«, fragte er schließlich mit brüchiger Stimme und Tränen in den Augen. »Was ist, wenn dir klar wird, dass deine Frau nie wieder –« Er konnte den Satz nicht vollenden, sank in sich zusammen. Doch die Wirkung war auch so unverkennbar. Straubingers Puls beschleunigte sich, der Frequenzausschlag auf dem Monitor wurde größer.

In diesem Moment kam eine Krankenschwester herein und meldete Wilhelm, dass auch Cornelia aus dem Koma aufgewacht sei. Sie brachte ihn sofort zu ihr. Er konnte die Tränen nicht unterdrücken, als er vor ihrem Bett stand. Auch sie war an zahlreiche Kabel und Drähte angeschlossen, hatte Verletzungen im Gesicht. Sie war ein Bild des Jammers. Im Gegensatz zu ihrem Mann schlug sie die Augen auf, versuchte sogar, etwas zu sagen.

»Lass dir Zeit«, ermahnte Wilhelm sie und nahm ihre Hand.

»Andreas …«, hauchte sie.

»Es geht ihm besser … und Florian ist bei Hedda. Es wird alles wieder gut, jetzt, wo du wieder da bist …«

Cornelia nickte, doch es wirkte nicht überzeugend, sondern eher, um ihn zu beruhigen. Dann traten auch schon mehrere Ärzte herein und baten Wilhelm, draußen zu warten. Ehe er ging, küsste er Cornelias Hand. Sein Herz erhielt einen Stich. Ihm wurde bewusst: Jedes Wort, jede Berührung konnte die letzte sein.

Lena befand sich unterdessen auf dem Weg in die Stadt. Zuvor hatte sie Waltraud angerufen, um ihre Termine abzufragen. Sie hatte dabei erfahren, dass Felix dringend ein Gespräch mit ihr und Holzknecht wünschte, am besten gleich. Sie hatte weder Lust noch Zeit, sich jetzt mit ihm auseinander zu setzen, sah aber ein, dass es unvermeidlich war. »Ich bin zum Mittagessen verabredet«, sagte sie deshalb nur. »Es geht erst ab drei.«

»Mittagessen?«, fragte Waltraud. »Davon steht nichts in deinem Kalender.«

»Ist auch privat.«

Mehr sagte Lena nicht. Am Vorabend hatte Chris sich gemeldet. Er hatte natürlich auch von dem Flugzeugabsturz gehört und wollte Lena beistehen, obwohl ihre Beziehung in letzter Zeit auf Sparflamme kochte, sodass sie eigentlich nicht mehr wussten, ob sie noch zusammen oder schon getrennt waren.

Chris erwartete sie bereits in der Cocktailbar. Sie küsste ihn flüchtig und setzte sich. Um nicht von sich erzählen zu müssen, fragte sie ihn, wie es ihm mit seiner Dozentur in Essen erginge. Er zeigte sich zufrieden, auch wenn ihm die Einstellung mancher Studenten zu ihrem Fach nicht gefiel. Sie brachten kein echtes Interesse mit, waren nur des künstlerischen Images wegen da. Völlig unvermittelt sagte er dann: »Du fehlst mir.«

Lena sah in seinen Augen, dass das aus tiefstem Herzen gesprochen war. Und er fehlte ihr auch. Aber sie wusste nicht genau, welcher Chris ihr fehlte: der von früher oder der, der er jetzt war.

»Lass uns von hier weggehen«, sagte sie.

Chris bezahlte die beiden Drinks, dann verließen sie die Bar und fuhren an den Lech, wo um diese Zeit nicht besonders viele Menschen unterwegs waren. Während sie am Wasser spazieren gingen, redete Lena sich alles von der Seele: ihren Schmerz, aber auch ihre Angst. »Von einer Minute zur nächsten kann alles vorbei sein«, sagte sie, »und man liegt da … zerschmettert … oder ein Krüppel fürs Leben …« Ihre Finger zerpflückten die Rispe eines Grashalmes.

Chris nickte. Genau das war es, was er ihr die ganze Zeit hatte begreiflich machen wollen. Das Leben war viel zu kurz, um sich mit Dingen zu beschäftigen, die immer nur an der Oberfläche blieben. Die Entwicklung der Seele und des Herzens – das waren die entscheidenden Dinge.

»Was würdest du denn tun, wenn dies deine letzte Stunde wäre?«, fragte er.

Die beiden blieben stehen. Lena warf den Halm ins Wasser und sah ihn an. »Dann würde ich dich küssen«, sagte sie und ließ den Worten auch gleich Taten folgen. Ihre Lippen berührten die seinen zuerst nur zart, dann immer fester, die Körper der beiden Liebenden verschmolzen in einer Umarmung.

Das Klingeln von Lenas Handy unterbrach die Innigkeit. Zunächst zeigte Lena keine Neigung, darauf zu reagieren, doch dann fiel ihr ein, dass es ja auch Wilhelm sein könnte.

Er war es und teilte ihr mit, dass Cornelia aus dem Koma erwacht war. Lena wollte sogleich kommen, doch Wilhelm entgegnete, sie solle ruhig bleiben, wo sie sei, es werde in den nächsten Stunden ohnehin niemand zu ihr gelassen.

Wenigstens ein Hoffnungsfunken. »Sie hat es geschafft«, sagte sie zu Chris und sah ihn so dankbar an, als sei er für die glückliche Wendung verantwortlich.

»Du magst sie«, sagte er nur.

»Ja«, entgegnete Lena sofort und das Ungewöhnliche daran wurde ihr erst jetzt bewusst. Wenn Cornelia nicht auf sie zugegangen wäre, wären sie wahrscheinlich heute noch Gegnerinnen. Sie hatte ihr gezeigt, was echte Größe war und dass es sich immer lohnte, an einen anderen Menschen zu glauben. Für diese Erfahrung war sie ihr dankbar.

Lena sah auf die Uhr. Erst kurz vor zwei. »Wir haben noch eine Stunde«, sagte sie zu Chris.

»In Sekunden ist das fast eine Ewigkeit«, entgegnete er und nahm sie wieder in den Arm.

So leicht wollte Felix sich nicht abwimmeln lassen. Nachdem er ein paar Dinge in der Stadt erledigt hatte, war er zum Firmengelände der *ACF* zurückgekehrt, um Birgit oder Lena zu erwischen, doch ohne Glück. Birgit werde erst in einer Stunde zurückkehren, ließ Marion Stangl wissen, und Lena Czerni gegen drei Uhr. Er solle sich so lange in der Kantine die Zeit vertreiben.

Felix ging zuerst auch dorthin, doch als Katharina Schirmer, Emma Waitz und andere Angestellte an ihn herantraten, um ihr Mitgefühl über das Unglück Cornelias und ihres Mannes auszudrücken, machte er sich so schnell wie möglich wieder auf den Weg.

Als er erneut auf dem Firmenhof war, erblickte er Lenas Wagen. Endlich! Und auch Birgit fuhr gerade auf den Parkplatz. Bei seinem Anblick zog sie unwillkürlich die Brauen zusammen. Er machte ihr die Autotür auf. »Was willst du noch hier?«, fragte sie genervt und stieg aus.

»Mit euch reden, mehr nicht«, entgegnete er.

Verständnislos schüttelte Birgit den Kopf. Was bildete der sich überhaupt ein? »Du kannst froh sein, dass ich dich nicht angezeigt habe«, sagte sie. »Du hast unsere Kundenkartei mitgehen lassen. Glaubst du, wir haben das nicht gemerkt? Wenn du die Daten verwendest, hast du nicht nur eine Klage wegen Verletzung des Markenschutzrechtes am Hals, sondern auch wegen Diebstahls.«

Felix blieb plötzlich stehen. Birgit ging jedoch weiter und verschwand im Verwaltungsgebäude. Miststück, dachte er. Ihre Drohung hatte Eindruck auf ihn gemacht. Um so wichtiger war nun eine gütliche Einigung. Er folgte Birgit.

Doch Marion Stangl wollte ihn noch immer nicht vorlassen. Dr. Holzknecht, Lena Czerni und Birgit Meyerbeer seien in einer Besprechung und wollten nicht gestört werden, sagte sie kühl, er solle sich also gedulden.

Felix hatte das Warten satt. Er ballte die Fäuste, seine

Miene verzerrte sich, er wollte schon protestieren, ließ es dann aber sein und fügte sich den Gegebenheiten.

Weitere fünfzehn Minuten verstrichen, da klingelte Marion Stangls Telefon, ein Anruf aus der Weberei, wie Felix mitbekam, den die Sekretärin ins Büro durchstellte. Wenig später flog die Tür auf, Holzknecht und Birgit eilten heraus. Felix sprang auf. »Nicht jetzt!«, hieß es wieder, man ließ ihn stehen. Es gab Probleme an einer der Maschinen, so viel erfuhr er.

Als Letzte trat Lena aus Holzknechts Büro, ganz in Gedanken, wie es aussah. Als Felix sich ihr in den Weg stellte und sie ansprach, zuckte sie zusammen. »Wieso werde ich hingehalten wie ein Hausierer, der euch Schnürsenkel andrehen will?«, klagte er, seine Erregung nur mühsam im Zaume haltend.

Lena rollte die Augen. »Du wirst dich noch länger gedulden müssen, Felix«, entgegnete sie. »Da Straubinger für wer weiß wie lange ausfällt, müssen wir erst einen neuen Rechtsanwalt finden.« Sie versuchte, sich an ihm vorbeizudrängen, doch er hielt sie am Arm fest. Für ihn waren das alles nur faule Ausreden.

»Warum können wir das nicht unter uns erledigen?«, fragte er. »Du und ich! Was nehme ich dir schon groß weg?«

»Mein Label, zum Beispiel«, versetzte sie.

»Ach was! Ich lebe nur von den Brosamen, die von deinem Tisch abfallen. Wenn du sichergehen willst, dass ich keinen geschmacklosen Ramsch produziere, kann ich die Designs ja mit dir abstimmen.«

»Accessoires sind keine Brosamen«, klärte Lena ihn auf, obwohl sie wusste, dass ihm das sehr wohl klar war. »Sie können bis zu zwanzig Prozent des Umsatzes ausmachen. Mir liegt auch nichts an einem Prozess, Felix. Vielleicht können wir uns einigen. Aber nicht jetzt.«

Felix nickte. Er sah ein, dass für dieses Mal nicht mehr zu erreichen war. Immerhin hatte sie ihm eine einvernehmliche Lösung in Aussicht gestellt.

Ohne ihn eines weiteren Blickes zu würdigen, ging Lena an ihm vorbei. Sie wünschte, er würde nur halb so viel Zeit am Krankenbett seiner Schwester verbringen, wie er hier in der Firma herumlungerte.

Während sie den Flur hinabging, spürte sie eine Enge in ihrer Brust, die immer drückender wurde, so als presste eine unsichtbare Hand ihren Brustkorb zusammen. Das Atmen fiel ihr schwer. Unwillkürlich beschleunigten sich ihre Schritte, sie lief die Treppe hinab, stieß die Tür, die ins Freie führte, auf. Sie sog die frische Luft tief in ihre Lungen, die Enge löste sich.

Lena musste mit jemandem reden, wenn sie nicht an all dem, was in ihr war, ersticken wollte: an ihren Ängsten und Zweifeln, ihrem Schmerz und ihrer Liebe, an diesen Bildern, die sie aus dem Krankenhaus mitgebracht hatte und die sie nicht mehr losließen: Cornelia wie eingesponnen in Drähte und Schläuche, regungslos, wie tot, Wilhelm zerbrochen, nur noch ein Schatten seiner selbst.

Von all dem erzählte sie Waltraud. Sie stand am Fenster, die Freundin saß hinter ihrem Schreibtisch und hörte zu. Erzählte von dem Chaos, das ihr Leben war, ach was, Leben! War es nicht nur ein Luftgebilde, das sich zwischen Terminen, Ideen, Träumen und Ängsten verflüchtigte? Wo blieb sie selbst bei all dem? Wo war ihre Mitte?

Nicht alles konnte Waltraud nachvollziehen. Wie sollte sie auch. Sie war ein Fels in der Brandung, Zweifel plagten sie nur selten und das Grübeln war ihre Sache nicht. Sie riet Lena, ein paar Tage freizunehmen, nach Essen zu fahren, um sich mit Chris eine schöne Zeit zu machen.

»Nicht nötig«, entgegnete Lena, »er ist hier. Wir sehen uns heute Abend. Aber …« Sie hielt inne, schämte sich schon jetzt für das, was in dieser Nacht mit Chris passieren würde, genierte sich vor Waltraud, der Zupackenden, aber auch für diese Skrupel. Dennoch sagte sie: »Am liebsten würde ich ihm absagen. Ich meine, Cornelia liegt halb tot auf der Intensivstation und ich …«

»Red keinen Unsinn!«, sagte Waltraud fest. »Wenn man den Tod so hautnah neben sich gesehen hat wie du die ganze letzte Woche, muss man sich vergewissern, dass man selbst noch lebt. Und die Liebe ist dafür das beste Mittel.«

In diesem Augenblick klingelte Lenas Handy. Eilig kramte sie es aus ihrer Tasche. Das Gespräch dauerte kaum eine Minute. Waltraud fürchtete schon das Schlimmste. »Was ist?«, fragte sie.

»Cornelia«, antwortete Lena. »Sie will mich sehen.«

Genervt knallte Hedda den Hörer auf die Gabel. Wenn sie sich nicht auf dem Flur des Krankenhauses befunden hätte, wäre sie August gegenüber noch weitaus deutlicher geworden. Was behelligte er sie in einer Situation wie dieser mit seinen Problemchen? Hedda hatte Klein-Florian in seiner Obhut zurückgelassen, was ihm überhaupt nicht behagt hatte. Lena hatte daraufhin Angela zu ihm geschickt, um ihm die ungeliebte Aufgabe abzunehmen, doch er beschwerte sich nur über ihr freches Mundwerk.

Kaum hatte sie das Gespräch auf diese heftige Weise beendet, da sah sie Wilhelm den Flur herabkommen. Roland hatte ihn nach Hause gebracht, wo er ein paar Stunden geschlafen hatte. Die erste Begegnung zwischen Vater und Sohn seit langem war zuerst sehr angespannt gewesen, hatte sich aber von dem Moment an gelockert, in dem Wilhelm erklärte, er wolle Silke endlich kennen lernen, sie gehöre ja jetzt zur Familie. Dies von seinem Vater zu hören, hatte Roland sichtlich wohlgetan.

Wilhelm fragte Hedda, was es Neues gebe. Hedda machte zuerst ihrem Ärger Luft, dass man sie nur zehn Minuten zu Cornelia gelassen hatte. »Und da hat sie immer nur nach Lena verlangt«, schloss sie reichlich beleidigt. »Sie müsste gleich da sein. Ich hab sie vorhin verständigt.«

»Lena? Warum?« Wilhelm war kaum weniger erstaunt.

Sie zuckte die Schultern. »Ach, Wilhelm«, seufzte Hedda, »ich hab solche Angst. Das geht nicht gut. Sie sieht jetzt schon aus wie ein Engel – gar nicht mehr wirklich.«

Wilhelm drückte seine frühere Ehefrau kurz an sich. Dann betrat er Cornelias Zimmer. Hedda folgte ihm.

Cornelia lag mit geschlossenen Augen da, ihre Finger lagen zuckend auf der Bettdecke. Aber es war eigentlich kein Zucken, wie sich bei näherem Hinsehen erkennen ließ. Sie spielte Klavier. Wahrscheinlich war sie im Geiste weit fort, bei einem ihrer Konzerte und spielte den über die Maßen verehrten Rachmaninow.

Heddas Herz ertrank in Mitleid. Und wie immer, wenn sie sich von Hilflosigkeit überwältigt fühlte, fing sie an, unleidig zu werden. »Warum tut denn keiner was!«, klagte sie, ihre Stimme war scharf wie ein Messer. »Wieso lässt man sie hier so liegen?«

Wilhelm legte ihr beruhigend die Hand auf die Schulter. Dann trat er an das Krankenbett und berührte Cornelia. Ein leichtes Zucken lief durch ihren Körper, sie schlug die Augen auf. »Lena?« Das war alles, was sie hervorbrachte. Sie erblickte ihre Eltern, die sich beide ein Lächeln abrangen.

»Wie fühlst du dich?«, fragte Wilhelm.

Cornelia lächelte zurück. »Ich hab geträumt ... von einem Konzert ... meine Hand war wieder wie früher ...« Sie versuchte, die Melodie, die sie im Traum gespielt hatte, zu summen, blieb jedoch bis auf ein paar leise Töne stumm. Da nahm Wilhelm die Melodie auf. Er kannte sie nur zu gut, denn sie hatte sie so oft gespielt, und er begann, sie zu summen. Cornelia nickte dankbar.

Hedda ertrug es nicht mehr. Tränen rollten über ihre Wangen. Sie wünschte, Wilhelm würde aufhören, legte ihre Hand auf seinen Rücken, brachte aber kein Wort hervor.

In diesem Moment ging die Tür auf. Wilhelm und Hedda drehten sich um. Lena. Sie war völlig außer Atem.

»Lena!«, rief Cornelia erleichtert aus. Sie wollte sich aufrichten, doch es gelang ihr nicht. Deshalb streckte sie ihrer Halbschwester nur die Hand entgegen. »Endlich …«

Wilhelm und Hedda waren zur Seite getreten, um Lena ans Bett zu lassen. »Ich hab die ganze Woche draußen vor deiner Tür gesessen«, erklärte Lena voller Schuldgefühle, »und bin nur kurz weg, um …«

»Eine Woche?«, kam es von Cornelia nur. »Eine Woche liege ich schon hier?«

Sie griff nach Lenas Hand, klammerte sich mit aller ihr verbliebenen Kraft daran. Beruhigend streichelte Lena über ihren Handrücken. »Bleib ganz ruhig«, sagte sie. »Es wird alles wieder gut.«

Cornelia reagierte nicht auf den Trost. Sie wusste um die Ernsthaftigkeit ihres Zustandes. Der Tod stand näher noch an ihrem Bett als Lena oder ihre Eltern. Und das war ja auch der Grund, warum sie Lena so dringend sprechen wollte. »Ich muss dir etwas sagen«, begann sie, sah dann zu ihren Eltern, fügte nur hinzu: »allein …«

Hedda wollte schon widersprechen. Es war für sie schwer zu ertragen, dass ihre Tochter in einer Situation wie dieser nach jemandem, der nicht einmal richtig zur Familie gehörte, verlangte und nicht nach den Eltern. Was konnte sie ihr schon zu sagen haben, was sie nicht einmal hören sollten? Doch Wilhelm kam jedem Protest zuvor, indem er Hedda einfach mit sich fortzog.

Nachdem die Tür sich hinter den beiden geschlossen hatte, sagte Cornelia, Lena aus geweiteten Augen anblickend: »Ich werde sterben, Lena …«

»Sag so was nicht«, erwiderte Lena sofort. Eine Gänsehaut war über ihren ganzen Körper gelaufen. Mehr noch als die Bestimmtheit in Cornelias Worten ängstigte sie der Frieden, der über ihr lag. Er hatte schon etwas Jenseitiges.

»Warum nicht?«, meinte sie denn auch. »Wir müssen alle sterben. Ich bin noch jung. Aber ... seltsam ... für mich macht das keinen Unterschied. Ein Tag ist so gut zum Sterben wie der andere. Und ich bin froh, dass ich es weiß und vorher noch reden kann.«

Sie hatte alle Kraft zusammengenommen und ohne größere Unterbrechungen gesprochen. Lena wünschte, sie würde nicht weiterreden. Jedes Wort fiel wie heißes Blei in ihr wundes Herz.

»Mein Sohn«, sagte Cornelia nun unvermittelt, »Florian ... Ich will nicht, dass er ... bei Andreas bleibt ... oder bei Hedda. Du ... du sollst seine Mutter sein ...«

Damit hatte Lena am allerwenigsten gerechnet. Ratlos, verwirrt sah sie auf Cornelia herab.

»Ich will nicht, dass er wie Roland oder Felix wird«, flüsterte Cornelia, gleichwohl mit großem Nachdruck. »Er darf nicht ... in dieser Familie ... aufwachsen ...«

»Er wird bei dir aufwachsen«, entgegnete Lena schwach. »Du wirst wieder gesund werden. Bitte gib nicht auf!«

Cornelia hörte nicht mehr. Ihr Blick irrte an der Zimmerdecke herum. »Hörst du das?«, fragte sie.

»Was?«

»Die Musik.«

Lena hörte nichts. Da war keine Musik. Ihr Herz krampfte sich zusammen. Sie fürchtete, Cornelia würde wieder ins Koma fallen. Wie um sie festzuhalten, schloss Lena ihre Hand noch fester um die der Sterbenden. Da wandte Cornelia ihr die Augen wieder zu, die Nebel darin lichteten sich, sie redete wieder klar.

»Sie sagen, Andreas wird es schaffen … Aber … er ist nicht der Vater … Ich hab ihm großes … Unrecht getan. Ich hab ihn … nie geliebt … nie wirklich geliebt … hab ihn nur benutzt … Florian gehört zu dir, Lena … Wir haben denselben … Mann geliebt … ich hab dieses Kind doch nur … weil ich ihn dir … weggenommen hab.« Tränen traten in ihre Augen.

»Das ist nicht wahr«, widersprach Lena. »Er hat dich geliebt, mehr als mich. Ich war nur etwas, das ihm ähnlich war. Du warst das Andere, nach dem er sich gesehnt hat … die große Welt … die Kunst … deine Musik.«

Die Kraft in Cornelias Hand ließ nach. Lena fürchtete, sie könne ihr entgleiten und drückte noch fester zu, sosehr, dass die Sterbende vielleicht aufgeschrien hätte, wenn ihr Körper nicht voller Schmerzmittel gewesen wäre und sie nicht ohnehin diesen Körper und die ganze Welt hinter sich lassen würde.

»Es ist vorbei …«, hauchte sie, »alles vorbei … Nur du und Florian … ihr seid noch da. Du nimmst ihn, Lena, ja? Versprich es mir!«

Lena kam zu keiner Antwort mehr, denn in diesem Moment begann einer der Überwachungsapparate heftig zu piepen. Erschrocken ließ Lena Cornelias Hand los und drückte den Alarmknopf. Cornelia starrte mit leerem Blick an die Decke. Ihr Atem ging schwer. Lenas Herz raste. Wieso kam denn niemand! Jede Sekunde erschien ihr wie eine Ewigkeit.

Doch es waren wirklich nur Sekunden, bis zunächst eine Krankenschwester und gleich darauf auch ein Arzt ins Zimmer rannten. Lena wich zurück in eine Ecke, während die Ärzte sich an Cornelia zu schaffen machten und sich Begriffe zuwarfen, die Lena nicht verstand. Eine Krankenschwester schob sie schließlich nach draußen, wo Wilhelm und Hedda mit vor Entsetzen bleichen Gesichtern standen. Sie brauchten eine Weile, bis sie begriffen, was gerade passierte, bis ihnen klar wurde, dass Cornelia dabei war, sie für immer zu verlassen.

Lena tauschte mit den beiden nur einen Blick. Dann wandte sie sich ab und ging wie in Trance den Gang hinab. Sie nahm die Alarmsignale und die aufgeregten Stimmen wahr, als kämen sie von ganz weit weg, aus einer anderen Welt. Nicht einmal ihr eigener Körper schien ihr noch zu gehören. Sie hatte sich so weit in sich selbst zurückgezogen, dass ihr alles fremd erschien.

Am Eingang der Klinik kam Felix ihr entgegen. Er wusste noch nicht, was geschehen war, wollte seine Schwester besuchen. Als er Lena wie einen Geist durch die Tür kommen sah, begriff er sofort. Er hielt sie an den Schultern fest, denn sie schien ihn nicht zu sehen. In stockenden Worten sagte sie, dass Cornelia gestorben sei.

Sprachlos stand Felix da, sah sie entgeistert an. Er war wie betäubt. Seine kleine Schwester – tot ...! Plötzlich rannte er los, so als hoffe er, er könne es doch noch verhindern. Er fand Wilhelm und Hedda in einer Umarmung verbunden, die alles erklärte. Dennoch fragte Felix: »Ist sie …?« Das Wort selbst brachte er nicht über die Lippen.

Wilhelm nickte.

»Wo ist sie?«

Sein Vater wies mit einer Bewegung des Kopfes in ihr Zimmer. Felix schluckte. Am liebsten wäre er weggelaufen. Doch er wusste, dass er das nicht tun durfte, dass er es ein Leben lang bereuen würde, wenn er seiner Schwester diese letzte Ehre versagte. Deshalb trat er ängstlich ins Zimmer.

Cornelia lag auf dem Bett. Keine Spur mehr von ihrem Todeskampf. Auf den ersten Blick hätte man meinen können, sie sei nur friedlich eingeschlafen und könnte jeden Moment erwachen. Trotzdem bekam Felix eine Gänsehaut. Denn die Illusion verflog rasch. Alles, was seine Schwester ausgemacht hatte – ihre Grazie, ihre Wärme, ihr Stolz waren unwiederbringlich fort. Tränen traten in seine Augen, schluchzend barg er das Gesicht in den Händen. Dann wurde ihm bewusst, dass der Mann, der die Schuld am Tod seiner Schwester trug, nur eine Tür weiter lag. Zorn und Hass flammten in ihm auf. Sie halfen ihm, den Schmerz zu ertragen.

Draußen hatten Felix' Eltern auf ihn gewartet. Wilhelm teilte ihm mit, er werde Hedda, die gänzlich am Boden zerstört war, nach Hause bringen. Felix nickte und sah den beiden nach, bis sie am Ende des Ganges verschwunden waren. Dann ging er in Andreas Straubingers Zimmer.

Straubinger war bei Bewusstsein. Mühsam hob er den Kopf, um zu sehen, wer hereingekommen war.

»Was war los da draußen?«, fragte er besorgt. »Keiner will mir was sagen.«

»Cornelia ist tot«, sagte Felix mit grausamer Härte und versteinerter Miene. »Ich weiß nicht, was ich dir zum Trost sagen soll. Was sagt man einem Mann, der seine Frau auf dem Gewissen hat?«

Entsetzt sah Straubinger ihn an.

Felix hatte keine Worte mehr für ihn. Er wandte sich ab und verließ das Zimmer.

Unruhig versuchte Straubinger, sich aufzusetzen und das Bett zu verlassen. Cornelia tot, hallte es die ganze Zeit in ihm wider. Und ich wollte ihr mit einem gewagten Flugmanöver imponieren. Felix hatte Recht: Wie sollte er mit dieser Last auf dem Gewissen weiterleben? Wie konnte es überhaupt sein, dass er lebte und Cornelia tot war? Der Gedanke war ihm unerträglich. In einem Anfall von Schmerz und Selbsthass riss er sich Infusionsnadeln und Drähte vom Leib. Benommen fiel er zurück in die Kissen. Dann schwanden ihm die Sinne. Den Alarm nahm er nur noch wie aus einer anderen Welt wahr.

Felix war noch einmal an das Totenbett seiner Schwester gegangen. Auch er hörte den Alarm aus dem Nebenzimmer. Befriedigung stieg in ihm auf. Was auch geschehen war, ob Straubinger durch den Schock oder von eigener Hand starb, er empfand es als die gerechte Strafe für das, was er Cornelia und ihnen allen angetan hatte.

Nachdem Lena das Krankenhaus verlassen hatte, war sie zu Meyerbeer gefahren, um Florian und Angela abzuholen. Sie würde Cornelias Vermächtnis antreten. Wie hätte sie dies auch nicht tun können? So kam sie bei der Villa an. Es war schon dunkel, die Villa aber hell erleuchtet. Chris' Wagen stand in der Einfahrt. Er kam auch schon die Treppe herab. Er musste ihr nur ins Gesicht sehen, um zu wissen, was geschehen war. »Cornelia?«, fragte er.

Lena nickte. Tränen traten in ihre Augen. Chris legte seine Arme um sie und drückte sie fest an sich. Sie bebte am ganzen Körper. Wie gut, dass er da war. Er war der Einzige, der ihren Schmerz lindern konnte. Alles, was zwischen ihnen gestanden hatte, zählte plötzlich nicht mehr.

Nachdem ihre Tränen verebbt waren, gingen die beiden nach drinnen. Im Wohnzimmer saß Angela mit Klein-Florian. Ahnungslos spielend hockte er auf ihrem Schoß. Beim Anblick des Kindes begriff Lena, dass der Tod zwar stark und unerbittlich war. Doch stärker noch war das Leben. Denn lebten in diesem Kind nicht die beiden Menschen fort, die sie so sehr geliebt hatte wie sonst kaum jemanden: Florian Unger und Cornelia Althofer?